SFV

Rose Ausländer

Jeder Tropfen ein Tag
Gedichte aus dem Nachlaß

Gesamtregister

S. Fischer

Gesammelte Werke in sieben Bänden
und einem Nachtragsband mit dem Gesamtregister
Herausgegeben von Helmut Braun

Umschlaggestaltung: Peter W. Schmidt, Frankfurt
Satz und Druck: Wagner GmbH, Nördlingen
Einband: G. Lachenmaier GmbH, Reutlingen
Printed in Germany 1990
ISBN 3-10-001521-5

Anmerkungen des Herausgebers

Am 3. Januar 1988 starb Rose Ausländer im Nelly-Sachs-Haus, dem »Elternhaus« der Jüdischen Gemeinde in Düsseldorf. Seit 1972 hatte sie dort gelebt, seit 1978 war sie bettlägerig und konnte ihr Zimmer nicht mehr verlassen. In diesem Raum, von dessen Fenster der Blick auf den Nordpark und die ihn begrenzende Pappelreihe fällt, lebte Rose Ausländer in selbstgewählter Isolation und schrieb Gedichte.
Ihre poetische Welt brauchte keine Anregungen von außen mehr. Fast acht Lebensjahrzehnte hatten ihr so viele Erfahrungen und Kenntnisse, so viele Schmerzen und Enttäuschungen, aber auch so viele Hoffnungs- und Glücksmomente gebracht, daß der Stoff für ihre Lyrik unerschöpflich schien. Das beispiellose Alterswerk konnte nur durch die vollkommene Konzentration der nachlassenden Kräfte auf die literarische Arbeit entstehen.
Schreiben war für Rose Ausländer bis kurz vor ihrem Tod ein unstillbares Bedürfnis, durch das sie sich eine poetische Gegenwelt errichtete. Wenn das reale Leben für sie unerträglich war, wenn der physische und psychische Zusammenbruch in den Jahren der Verfolgung durch die Nationalsozialisten unausweichlich schien, wenn sie als eine heimatlose Fremde in der Emigration nicht einmal das Überleben sicherstellen konnte, dann wurde die eigene Welt der Poesie zum Schutzraum, zur Heimstatt. Nur im Wort war Wohnen möglich.
Der Wille, mit der Muttersprache zu leben, brachte Rose Ausländer nach Deutschland zurück. Doch dies war keine Rückkehr in die Heimat, die Bukowina. Das Land der Kindheit blieb verschlossen. Heimat und Sprache waren zersplittert, ihre Einheit unwiederbringlich. Keiner literarischen Mode unterworfen, unabhängig von Vorbildern, frei von Tagesaktualität hat Rose Ausländer ihr Werk geschaffen, hat sich vertrauensvoll den Worten überlassen,

in der festen Überzeugung, daß die Poesie ein Ort des Lebens, des Überlebens ist.
Als ich Ende Januar 1988 ihren literarischen Nachlaß an mich nahm, fand ich in einem kleinen, rotkarierten Stoffkoffer neben wichtigen Dokumenten und Briefen eine Mappe mit rund 400 Gedichten. Mit Blaustift hatte Rose Ausländer »Zur Veröffentlichung« und »1980« auf den Pappdeckel notiert.
Die Durchsicht der Manuskripte ergab, daß etwa 200 dieser Gedichte bereits publiziert waren. Die verbliebenen 203 Gedichte werden im vorliegenden Band veröffentlicht. Viele davon entstanden in den siebziger Jahren. Bei einigen wenigen Texten sind frühere Fassungen und Varianten nachweisbar, die in den sechziger Jahren entstanden. In Kenntnis der Arbeitsweise Rose Ausländers gehe ich davon aus, daß die Gedichte, unmittelbar bevor sie zur Veröffentlichung bestimmt wurden, also 1979/80, ihre Endfassung erhalten haben.
Mit dem vorliegenden Band ist die Edition des Gesamtwerkes von Rose Ausländer abgeschlossen. Alle von ihr zur Veröffentlichung bestimmten deutschsprachigen Gedichte und Texte sind nunmehr publiziert.

Königswinter, September 1989
Helmut Braun

Milchstrom
für schlaflos Dürstende

Wieder Diogenes

Wir
in der Tonne
haben den Hunger gekostet
den bittern Brei
aus Wermut und Lehm

Vor unserer Sonne
der Schattenkönig
raspelt Süßholz
bietet uns
Ehrensold an

Hast du nichts gelernt
bei Diogenes
Deine verzuckerte Krone
ist hohl
lockt uns nicht
aus der Tonne

Wir hungern nach
Sonne und Brot
Steh dem Licht
nicht im Weg

Kneten

Die Nacht an die Sterne
kneten
damit sie zusammenhalten
und wir mit ihnen zusammenhalten
in leerem Schwarz

Das Schwarz kneten
bis die Sonne es
in die Hand nimmt
und durchleuchtet

Uns knetet die Sonne
in Farben
damit wir mit ihr zusammenhalten
Körper die sich bewegen
in ihrem siebengespaltenen
Licht

Ruhepunkt

Wo war der
der dem Schöpfer zusah
sechs Tage
mit ihm ruhte
am Sabbat

sind sechs Tage
vorbei

Keine Ruhesekunde

Wann wird
der siebente Tag
geboren

Ruhepunkt
Frieden

Übergang III

Das Küstenkind
von Aurora geboren
schöpft Schaumwasser
mit einer Muschel
spinnt ein Hemdchen
aus roten Fäden
dann schwimmt es
hinaus ins Meer
läßt nur
ein paar Fäden zurück

Das Loch

Feuer
brannte ein Loch
in die Welt
weltweit

Im Loch
leben wir

halten uns fest
am Rand aus Wurzeln

Noch
nähren sie uns

Erstgeburt

Die große Dotterblume
sonnt sich im Schnee
zu Schnee geschlagen
die Wolken

in der Märzwärme
riechst du
die frische Erdhaut

im Allweiß zerbricht
der tausendfarbige Regenbogen
in deinen Augen

hier
an dieser Stelle
ein Schneefleck ohne Wahrzeichen
das schlafende Weiß aus dem Schneeschlaf
weckt die Märzmutter
magnetische Mutter
zerreist die Nabelschnur
im Schnee
hier an der Niemandsstelle

Schau weg schau her
in den Safranblick
in die Glocke aus Schneeblatt und Halm
Staubgefässe Blumendotter
das nächste Geschlecht
steig in den Schneekelch
Zeuge der Zeugung
schlaf noch im Safranschloß
eine Märzminute
bricht deine Kapsel auf
in der Wärme

sieh
  dein blauer Schatten fällt
kühlend
    auf
      die erstgeborene Blume

Nespolie

Kleine japanische Birne
in meiner Hand
der Sommer
drei glatte Kerne
im Herzen

Nespolie
Herzform
kleine japanische Birne
in meinem Mund
der Sommer
ihr Blut

Ohneschlaf

Ohneschlaf
fließt zwischen Sternen
die Milchstraße

Ununterbrochener
Milchstrom
für schlaflos Dürstende

Sonne V

Der Hahnenschrei schneidet
die Naht der Nacht auf
Der Morgen flutet herein

Wolken in duftigen Strümpfen
eilen zur östlichen Mauer

Du schüttelst die
spärlichen Sternfedern
aus dem Haar

Purpur
wächst um dein Erwachen
Du liegst im Licht
SONNE sagst du
und berührst mit Fingerspitzen
ihre Wange am Fenster

Blutsverwandt

Die Blauäugigen Schwarzhaarigen
Dunkelhäutigen und Hellen

Die Schwermütigen Fröhlichen
Einsamen Verfolgten

Die Schwärmer Rebellen
und die paar Heiligen

die ich nicht kenne
die mich nicht kennen
und doch wissen
daß wir
blutsverwandt sind

Droste II

Die Burg
Burgfrieden
mit der Zeit

Droste
hier
ihr Blick
ihr Boden
See zwischen Grenzen

Vom Turm
ohne Grenzen
ihr Ruf
Zeuge der Zeit
eint was entzweit

Ihre Bronzelippe
erzählt
Sagen
der Höh
dem See

Sein Silbermund
weiht uns ein

Herzkirsche

Ehe der Atlas
eine Wendung macht
ehe die Rose
ihre Röcke ordnet
ehe dein Atem zurücksinkt
in den Stickstoff der Erde

fällt dir ein Herz zu
eine Kirsche
aus dem Korb
den die Sonne
bereit hält

Mai IV

Auf dem braunen Berg
wächst wieder Grünhaar

Du wirst
dem Maimädchen begegnen
aus sonnengeflochtenem Korb
streut es Flieder und Atemblätter

Zusehends
wächst die Kleine
ihr Gesicht
eine Sammelblume

Sie wird dich nicht sehen
lächelnd
an dir vorübergehn

Schweigen II

Eine verschwiegene Hand
löscht die Lampe
im Fenster

Unsre Stimmen schlafen

Ich lege mein Schweigen
auf deine Lippen
du gibst es wortlos
meinem Mund zurück

Sternfedern
fallen uns in die Rede
verbrennen

Wir blasen ins Aschengefieder
Um unsern Atem verstärkt
Sternphönix
steigt aus der Stille

Verstohlene Hand
zündet im Fenster
die Lampe an

Wabe

Eine Wabe Zeit

Du trinkst
den süßen
den bittern Honig

Jeder Tropfen
ein Tag

Die Bäume

Immer sind es Bäume
die mich verzaubern

Aus ihrem Wurzelwerk schöpfe ich
die Kraft für mein Lied

Ihr Laub flüstert mir
grüne Geschichten

Jeder Baum ein Gebet
das den Himmel beschwört

Grün die Farbe der Gnade
Grün die Farbe des Glücks

Flucht der Jahreszeiten

Die Rose rostet

Hat auch die Aster
ein Herz

Und wenn es bricht
kann man mit
Kohle und Kohl
überwintern

Das Fenster beherbergt
einen Eindringling
er schiebt sich
zwischen uns und die Welt

Indes
unsre Freundin
sein Erzfeind
ist unterwegs
Besucht sie uns
zieht er aus

Sie liebt uns
bringt Krokus und Kirschen
Kurz und köstlich
das Fest

Wiederkehr

Einst
habe ich dich geliebt

Du kommst
aus dem Grab zu mir
und rufst mich

Laß uns wieder spielen
sei mein Genuß

Ich bin eine Nuß
und rolle zu dir
in die kleine Grube

So hatten wir
Passah
als Kinder gespielt

Raben

Raben
schwarze Gedanken
kreisend über dem Grab

Kränze
aus Flocken geflochten

Unter dem Stein
Eswareinmalsein

Stör nicht den Schlaf im Schnee
die schöne Legende:
Sternaug
unsterbliche Liebe im Dornröschendorf
unter verschütteten Küssen

Raben verschrein den Namen
der noch feucht
auf meiner Lippe hängt
Blutstropfen warm im Winter

Verscheuch
das Rabengeschrei
Laß den Schnee
das Grab begraben
das steintote »Lebewohl«

Tau

Im Tautropfen
das Auge Tausendschön

Flüchtige Perle
Frühling

Im Farbenfeuer
taut
dein Eis

Dankbar

Rote Tinte
hat meine Haut
tätowiert
mit verworrenen Zeichen

Nachts
leg ich mich
in eine Urne
da wohnt
die verbrannte Welt

Am Morgen
seh ich die Sonne
und bin dankbar

Eine kleine Nachtmusik

Eine kleine Nachtmusik
        Nacht
                Musik
tanzen
          Sterne
Freude

Du und das Weltall
zwei fröhliche Tänzer
in der Nacht
                Musik

Eine kleine Nachtmusik
sieh
Mozart der Stern
liebt den Tanz

Du und das Sternall
drei Welten tanzen
Nacht
        Musik
                Mozart

Milch

In der Milchstraße
werden Waisen gestillt
die den Mutterglauben
verloren

Die Nacht gibt ihnen
Nahrung
ein Wiegenlied
hinter dem Mond
schaukelt
ihre Trauer

Oskar Kokoschka

Aus Farben
Körper kneten
Welt
aus Gesichtern

Stirn Lippen Augen
du siehst
die Erde dreht sich
um den menschlichen
Regenbogen

und seine flüchtigen
Landschaften

Schwüre

Verstümmelt die Bäume
von eingeschnittenen Herzen

Äste zerbrochen
von gebrochnen Versprechen

Das im Himmel versunkne
Apfelland
wo Verliebte
Schwüre tauschen

Blumen

Mondgelbe Mimose
zart wie ein Hauch
wirst du mein Grab
einst schmücken

Freunde schicken mir Blumen
rosenrot gelb und blau
verwandeln mein Zimmer
in einen Garten

Ich liebe alles
was blüht

Die Nacht I

Die Nacht
ist mein Tag

an dem ich
meine Welt
erschaffe

Fontäne

Wasserlanze
ihre Spitze
bricht ab

Zersplittertes Naß
setzt sich wieder zusammen
schneidet sich aufwärts
zum zerbrechlichen
Höhepunkt

Traum II

Auf einer Wiese
voller Primeln und Löwenzahn

Ich lag im Bett der Sonne
sie umarmte mich mütterlich
der Wind streichelte brüderlich

Da kam ein Wolkenreiter
und raubte die Sonne

Die Wolke fiel auf mich
durchnäßt lief ich und lief

bis ein Regenbogen mich auffing
und an den Himmel malte

Wiederkehrvögel
Amsel und Fink

Königskerzen

Königskerzen in Brand
kein Grashalm verbrennt

Auf deinem Gesicht
flammt die Sonne
Tautränen löschen
den sengenden Schmerz

Deinen Durst
löscht der Quell

Wieder beruhigt
Leib und Gemüt

Es leuchten die
Königskerzen

Plünderung

Wiederkehrvögel
Amsel und Fink

Immer beseligt das
Lied

Polster aus Moos
für Tagediebe

Wer Feuer gekostet
darf trinken
vom Schattenquell

Schützt keiner den
Atem der Blumen
Sonnenschelme plündern
das Rosennest

Löwenzahn

Astralzarte Kugel

laß mich
einen unverläßlichen
Augenblick lang

eh der Wind
dich entatmet

laß mich
dein mathematisches
Wunder
rühmen

Leukämie

Im Körper die Körperchen
weißes Gedränge
der Lebensraum
überfüllt

die leben wollen
im Körper
in ihm sich vermehren
wie Sand im Meer

sie fressen ihn auf

Schwierige Lektüre

Im Dickicht den
Weg verlieren

Nacht Luna
Spur wilder Tiere
Pilze im Purpurhut

Wind knarrt ein Wildbach
Kristall Geröll Forellen
fliegen durch Ringe ans Licht

Blätter fabulieren Mythen:
Eden Versuchung Fluch
Dürre
ein Erwählter
schneidet den
Quell aus dem Stein

Der Pfad Gestrüpp stockt
nimmt wieder auf die
Fährte zu der Höhle
das Fabeltier
gähnt und wendet sich ab

Trauer III

Die Trauer
ist ein Vogel
mit verwundeten
Flügeln

Wassilij Kandinski

Getauft
von Regen
bogen

Farben seine
Religion predigte
Landschaften
verwandelt in Bewegung
Flächen
Linien
Punkte

Sie fielen
in seine Hand
er nahme sie
vollzog sie nach

März II

Wiedergekehrt ins Land
wo Sauberkeit herrscht

Straßen mit Schnee gestrichen
reingewaschen mit Regen
der Bogen siebengespannt
über gotische Dächer
im Sintflutland
lachend zieht sich
die Sonne zurück
der Regenbogen erbleicht
ein zorniger Blitz
schreibt

Füllhorn

Aus dem Füllhorn
hol die Feuer
Dornbusch Neon und Mond

Vom Zeiger zerstückelt
flüchtet ins Aug
die Zeit
singt Hymnen auf
Schimmel unter der Haut

Bei geschlossenem Lid
setzen den Tanz fort
eindringlich
die Splitter
im Iristraum

Kaleidoskop
aus Stachelmustern

Sonnenstrahlen

Ein paar Sonnenstrahlen
vergolden das Zimmer
als wär es ein anderer Raum
aus einem anderen Reich
als sei ein Freund gekommen
mit Blumen
und einem Goldwort
das du vergessen hattest

Augenblick
der Beglückung

Verregneter Sommer

Auf grauen Luftschienen
pausenlos
fahren die Räder
der Regenmaschine

eine Bibelzeit lang

Nichts
unterbricht
die feuchte Farblosigkeit
das sündige Naß

Windbrunnen

Im Windbrunnen
ertrinken
Worte Stunden

Es kommt keine Gnade

bis die Sonne
ihn trinkt

Litanei II

Angstfrei
das Vogellied
im Laubnetz

die eingefangene
Freiheit

wie deine
Lebenslitanei
sich singt

Lionel Feininger

Die Atmosphäre schimmert
verweilt
im absoluten
Ort der Ruhe

Farben erfinden Türme
mit raumlosen Spitzen

Der ideale
Mensch

Balance

Für den Krieg

Im Geschäft wo
alles vorrätig ist
kaufte ich eine
Stunde Zukunft

Sechzig mobile Minuten
für den Krieg
mit der Zeit

Stammbuch

Die sich wand um den Stamm
die Schlange
erschlagen
In ihrer Haut
fühlten die Blätter sich wohl

Weißgefrorne Flächen
Versuche im Eislauf
Da übten Kinder mit
ängstlichen Schritten
den Schriftraum erobern
Pirouetten um Sprüche
verschnörkelte Unterschrift

Namen mit Tinte getauft
Haarstrich und Schatten
ungleich verteilt im Weiß
aber es bleibt beim Schwur
letterntreu:
IMMER UND EWIG DEIN

Der Lehrer lud Goethe zu Gast:
SIEH DAS GUTE SO NAH

Von brüchigen Blättern fällt
Vergißmeinnichtstaub
Verblaßt die olympische Inschrift:
DENN DAS GLÜCK IST IMMER DA

Ausrufzeichen zum
Fragezeichen gekrümmt

Wir lernen das Gruseln
auswendig
ritzen es in die Rinde
unseres Stammbaums

Vertrauen II

Die Rose
vertraut sich
ihren Dornen an
sie lassen sie nicht
im Stich

März III

Im endlosen Uhrwerk
das Märzrad
Wind in den Speichen

Kühle Sonne durchblutet
das Glasherz der Stadt
Es schlägt in die Augen
es führt ein Spiegelgefecht
mit sich selber

Stöcke
von Kränen
hochgezogen
Verschlägt's dir den Atem

Geh zu den Bäumen
bald wirst du sie
nicht erkennen.

Die Farben halten zusammen
Kein Schatten
führt hinters Licht

Im Aug

Berge
diese strahlenden Massive
wenn
Sonne sich legt
ins Tal

die zerrissenen Adern
der Waldwege
zusammenwachsen
ohne Narben

der verletzte Mensch
seine Wunden
verschmerzt

die Ideologien vergißt
den stillen Stein rühmt
den tosenden Wasserfall

und sich erkennt
im Aug
einer Pupille

Sonne IV

Ein Kind in Angst
vor dem eigenen Schatten
im grausamen Licht
in das es mittags gerät
die schwarzgelbe Spinne
im Aug

Unbeschriebenes Blatt II

Du triffst
in die weisse Scheibe:
Zeichen die aus dem Viel
ein Weniges machen
ein Wort

Mythos –
hier kann er Wurzel fassen
im unbefleckten Papier
aus dem Holz geholt
aus gefällten Blättern
und Wohlklang

Hier bekommt
der Gedanke Kontur

Zeichen stellen
der Zeit eine Falle
Die drei Dimensionen
haben hier Platz

Wasserdicht

Als wärst du Stein
zu Tode getropft

Dein Fleisch ist
härter
die Haut hat
offene Türen die rennt
der Regen nicht ein

Das Härteste
wasserdicht
Geist

Literatur

Mühle die mahlt
schnell schneller
bald bleibt keine Zeit

Aus Eisen Sternen Luft
Buchstaben

Der Müller träumte
sieben Hungerjahre
die mahlt er
zu Schwarzmehl

Tägliches Brot
auf irdischen Tischen
reicht weiter reicht weiter
die Brocken

Der Hunger hat viele
unersättliche
Mäuler

Liebe VII

Eine Form des Lichts
Im Auge gezeugt
Selbstverbrennung
Phönix
Wieder-Wiedergeburt
Hat zahllose Augen Ohren Münder
Formel für Blühen
Die Königin wird regiert
Weisheit der Torheit
Der Busch brennt

Rhythmisch

Über Adern
Blumenblut und Gestein
rhythmisch die Speichen
der Sonnenuhr
Augengold
Wangenwaage
Es blüht
das Verhängnis
Liebe

Steine

Der Fluß
wirft seine Kraft
in die Furche
Steine
vom Wasser bezwungen

Nie endet ihre Geduld
unter der Nässe
trocknen ihre Poren
Klaglos ertragen sie
ihr langsames Sterben
halten geheim ihren Argwohn
gegen das Wasser

Im Jahre der Dürre
wenn der Strom verendet
Stein an Stein
im Luftatem verjüngt

Reib aneinander
den Stein
die Funken springen

Waiting for Godot

Schlangenbeschwörung
unter dem Baum
Fata Morgana
warten bis der Apfel fällt
schürft der Engel die
Feuerflügel

Kein Siegerkranz nur
Erwartung nicht Gold ein
Kamel geht durchs Nadelöhr

Abwärts in den evakuierten
Himmel Lager aus Sternstroh
Milchstraße ohne Milch schaukeln
Mütter leere Wiegen

Durch ein Nadelöhr in den
Himmel ohne Heil die Mütter
wo sind die Kinder
warten auf den
Messias
namens Godot

Zeichen der Zeit

Nadeln ziehn scharfe Fäden
durch Wangen aus Wachs

Verworrene Muster
Ein stachliges Netzwerk
kein Nest

Wo sollen die Wandervögel
schlafen
Flaumwangen
könnten sie schützen

Wundert euch nicht
sind nicht
die einzigen
Zeichen unserer Zeit

Wenn das Echo mir zuhört

Verstehst du

Erblickst du
die Fata Morgana
im Wüstenherz des Sandreichs

Erkennst du
das goldene Gefieder
einer Flügellandschaft

Siehst du
das Haupt der Erde
ragen
aus dem Wasserschoß

Kannst du
die Stimme der Stummen
hören

Verstehst du
den Traum der Heimatlosen

Im Mond

Wer sagt
ein Mann
wohne
im Mond

Mondfrau
das Gesicht
verschleiert

Türkin
nachts
aus dem Harem
geflüchtet

Wo
wohnst du
in den abgewandten
Tagen

Namen II

Reise ins Namengebirge

Tag um Tag
Bergkonsonanten
Talvokale

Aus wechselnden Mustern
Stationen

Finde die Farbe
die jedem Namen
gebührt

Das Unbekannte

Bekannte Unbekannte
rufen mich an
darf ich Sie besuchen

Nein sag ich
kommt

Gut sage ich
geht

Das unbekannte Leben
geht weiter
bekennt sich zu mir

Der Gipfel

Berg aus Bildern

Der Gipfel ein Auge
das sieht
die runde
blutende
Erde

Zurück V

Der Baum
vor meinem Fenster
schaut mich an

Ich schau
zurück

Seine Vergangenheit
mein Winter
seine Zukunft
mein Sommer

Ich schau
zurück
in meine Zukunft

Jugend III

Fortunas
Walzerherz
im Fliederland

Fieberfingrig
lenkt sie den roten Wagen
im Karneval

Vor den Schaubuden
schmettern Fanfaren
kommt
kostet das Leben

Im Leinwandraum
die Pantomime
wir fließen im
Lippenstrom
schattigen Augen zu
Sag
Greta Garbo
wie schwer
wiegt das Glück

Trug

Waffen
in Hexenesse geschmiedet –
sie zu träumen
ist schon Gefahr

Mit Blendwerk beladen
der Jahrmarkt
Das Trödeltier zieht den
Karren durch den Kram
Lockung und Kauf
du zahlst mit Münzen aus
Mark und Verzicht

Wie steht dir die Maske
Lachen
dem tragischen Mehlgesicht
abspenstig gemacht

Im Keller
Kannen voll Stunden gezapft
bis auf den letzten Tropfen
mit blinden Kumpanen gezecht

Wink mit der Wimper
Asche im Bart
Aus verhängtem Spiegel
holt die Kerze
kein Echo

Ritual

Endloses Ritual

Zurückgekommen
die Toten
erwacht würzen die Luft
hyazinthisch

Das Unersättliche

Wir Ungleichen
auf der gleichen Kugel

Da sprießt aus Begierde
und Blut
das Unersättliche
nenn es
Tod oder Leben

Es wird dafür gesorgt
daß Kirchen Tempel Moscheen
in den Himmel wachsen

Der Himmel staunt
über soviel Liebe
aus Stein

Meine Masken

Die blaue
Jubelmaske

An Trauertagen
trag ich Wangenschnee
und eine rote Nase

Grüne Maske
aus Gras und Traum

Meine Sünden
weggewaschen
auf meiner Regenbogenmaske

Chamäleonfarben
eine Feindeshand
reißt mir alle Masken
von der Seele

Lerchen

Es gibt noch Lerchen
die nicht verlernt haben
zu singen

Laß uns emporschweben
und ihnen lauschen

welches Glück
singen zu können
wie sie

Staunen II

Hinter meinem Frohsinn
atmet die Trauer

Hinter der Trauer
steht mein Staunen

über Frohsinn und Trauer
und über alles
was war
was ist und
was sein wird

Überholt

Verwandelt
vertauscht

Ich war einmal anders
sagst du dem Spiegel
er glaubt dir nicht

Schneckengänger
Schnelläufer

vom Sanduhrschritt
überholt

Oder III

Entlang einer Mauer
ging ich
oder
war es mein Schatten
oder war die Mauer
ein Schatten oder
die Nacht war eine Mauer
die neben mir ging
oder
ein Traumschritt wir
schritten zusammen
schattenhoch
fielen wir
fielen
zusammen

Mimosen

Mimosen lege ich
zwischen die Zeilen
die uns binden und trennen

Anderes habe ich nicht
und du hast keine andere
als Mimosensehnsucht

Taub-Stumm

Verschont
wird keiner
wir wissen es längst

Aber ich sage
Liebe komm lieb mich
schonungslos

Hört mich nicht
sieht mich nicht
sie spielt Schach
mit ihrem Schatten

Bekenntnis II

Ich bekenne mich
zu dir
den ich nicht kenne

Ich habe dich erkannt
als wir im Stein
zusammen
schwiegen

Was immer es sei

Was immer es sei
gut oder verwerflich
schau es an
von allen Seiten
grab aus deine Wurzeln und
grab sie wieder ein oder
zerstör sie
mach ein Ende
oder fang wieder an

Zusammenhang

Ohne mich
wäre alles anders

Die Erde denkt
durch mich

Mein Licht schenke ich
den Sternen

In den Bäumen rauscht
meine Sehnsucht

Meine Seele
wogt im Meer

Ich
ein Stäubchen Stoff
ein Fünkchen Geist

Keine Zeit III

Fremder Freund
ich teile mit dir
Lautlosigkeit
und Sprache

Wir leben
das Wiedersehn
haben keine Zeit
Ade zu sagen

Stammbaum

Ich bin vom Stamme Levy
mein Baum hat zehn Stämme
verzweigt
auf den Blättern
steht die Thora geschrieben
die Wurzeln greifen
in den Himmel

Die Hand

Kennst du meine Adersprache
das Runzelgeraun meiner Knöchel

Ich nehme ich gebe
bin unternehmungslustig
freigiebig
auf mich ist Verlaß

Hand aufs Herz
ich liebe dich
laß uns Handschlag machen
ich kann dich liebkosen wie keiner
erwürgen wenn ich dich nicht
liebkosen darf

Du siehst mächtig bin ich
in meinem handfesten Reich

Meine Lebenslinie
Geheimschrift
verrate ich nicht

Reich mir die Rechte
unterschreib
was ich dir antun will

Fanatisch

Von einer Pause
zur andern
schlagen die Hämmer
der Uhr
eine Brücke

Du gehst und glaubst
du bist angekommen

Das fanatische Spiel

Im Wanderwald

Im Wanderwald
wachsen
meine wilden
meine sanften
Bäume

Angst
verstrickt ins Geäst
Gespensterwald

Ihr
lockenden Birken
wir kennen uns
auch in euren
Verwandlungen

Jugend
mein innerster Ring
im umringten
Jahrzehntekreis

Vor der Nachtigall
wein ich mich aus

vor dem Kuckuck
lach ich mich aus

lach ich mich aus
dreimal viermal
wenn das Echo
mir zuhört

Weggewischt
zähl ich nicht mehr

Treue II

Auf dem Kristallberg
Treue geschworen
vor hundert Jahren

Sie sind vergangen
der Schwur
vom Wind weggeblasen

Ich lebe im Grab
du ein Grashalm
auf meinem Hügel

Unsterblich

Der Schrank
frißt
Wolle und Werg

Aus Kleidern
fallen Motten
trunken vom
Staub
der nicht stirbt

Verstümmelt

Steingeborene
mit verstümmelter Stimme
singen wir harte Lieder
dem Wind

Seine Stimme
vom Blitz zerschnitten
Säge aus Eis und Luft

Wir hörten den
knirschenden Ton
verstümmelter Harfen

Kreise

Um den Nabel der Erde
kreisend
unter dem
strahlenden Netz

Sekunden
Tage
Jahre
keine Zeit zu zählen
die Maschen

Sonne
brennender Geist
dir untertan

einst
werden wir du sein
strahlender Kreis

zählst du
die Augenblicke
deiner Verwandlungen

vom steten Sterben
erschöpft
wir schlafen

nach innen gezogner Kreis
hypnotisierte Atome
Augenblicksbilder
im Kreislauf
um welchen Pol

werden wir
einst
enden

Blindlings

Der Tod hat
auf mich
ein Auge geworfen

Ich durchschaue ihn
stelle ihm eine Falle
stelle mich tot

Er fällt nicht herein
liebäugelt mit meiner
Totenmaske

Ich öffne die Augen
und gehe ihm
blindlings entgegen

In memoriam B. Sch.

Jung und schön
sie hatte schon
Metastasen

Der Schmerz zerbrach
ihre Stimme ihre
Träume

Luft aus Stickstoff
der Raum in Beulen zerschnitten

Das Zimmer
ein Berg aus Schatten

Im Fenster
weinte der Wind

Das Leben wanderte
weiter

Erinnerung an Frau M.

Sie war eine Frau
voller Dornen

Man nannte sie
herzlos

Die Rose in ihr
erkannte man nicht

Heimlich
duftete ihre Liebe

die sie schenkte
mit einem Stich

Versagung

Du kommst in die Taubenstadt
mit den sanften Giebeln
In den Verschlägen
wohnen Wölfe

Auf dem Berg hat der Schnee
ein Diamantschloß erbaut
Von der Uhr geführt
betrittst du den Saal wo
der Thron stand
Weiß strömen die Wände
die Möbel die Teppiche
in die Märzschmelze

Du flüchtest zum Meer
die schuppige Brandung
hält deinen Schritt in Schach
Jenseits des Wassers
wartet dein Sohn
auf das Erbe
aber das Schiff liegt
gescheitert vor dir
auf dem Strand

Durchsichtig

Diese Stunde
wird durchsichtig

Ich durch-
schaue sie

ihre einhellige
Absicht

mir
eine Stunde
meines Lebens
zu rauben

Um zu lieben

Analphabetisch
les ich
die Zeit
buchstabiere
die Botschaft

Myschkia
mein russischer Bruder
lebt
weil er sterben muß
um zu lieben

Die Spinne

So viele
Worte Fragen Erwartungen

während
die schwarze Spinne
ihr Netz für dich
spinnt

Frost II

Gefrorenes Feuer
legt mein
Erzfeind an

Schwälblein
aus Porzellan
mein Arsenal

Wir protestieren

Aufgezogen
der Eisbär tanzt
nach meiner Pfeife

vor rotem Ofen
eine Schwalbe macht mir
Sommer

Eingeschrumpft
im Igelschlaf
ich schärfe meine
Stacheln am
Frost

Drei

Die Tafel
mit dem Griffel verwundbar
drei Worte
ich
bin
wir

Weggewischt
zähl ich nicht mehr

Ich zähle bis drei und mehr
auf der Tafel
schreiben
drei Finger
weiß auf schwarz

Verbunden

Immer verbunden
mit dem Nichts
aus dem du heraufblühst
und sieh es ist schön
und sieh die Angst
hinter der heiteren Maske
das geliebte Gesicht
das stets lebendig
verbunden mit dem Nichts
diesseits und jenseits

Mein Gott sagst du
als wüßtest du seinen Namen
der zu dir spricht und
schweigt

Wasser

»Lebloses Wasser das
alles Lebende
am Leben hält«

In dir sind
wir geschwommen
vor unserer Geburt

Du wirst regnen
auf unsern Staub

Die Schere

Um einen hohen Preis
eine Schere erworben
die zurechtschneiden soll
mein Leben

Sie schneidet scharf
und schief

Jeden Tag

Jeden Tag sterbe ich
und werde neu geboren

Ich bin ein Hauch aus Worten
Silberlilien blühen
in meinem Garten
ein blauer Engel
bringt mir
Himmelsgrüße

Schon geht der Tag zu Ende
ich muß sterben
mein Lichtgott
laß mich wieder
erstehn

Der Ball

Aufgefangen
von fremder Hand
träumt er seine Freiheit
im gezwungenen
Aufabspiel

Überhört

Ich habe ihre Schreie
gehört

Ich schrie auf
als ich sie hörte

Wir wurden
von den Wortführern
stillschweigend
überhört

Tote Orakel

Leergelebte Reminiszenzen
der Zukunft
hakenschlagender Schritt

Tausendmündig
tote Orakel
kein Griechenland
heute

Stehen oder fallen
die Türme
im fieberhaften
Herzschlag der Zeit

Letztes Kapitel

Ich schreibe
das letzte Kapitel
in mein Lebensbuch

Noch
liebe ich
mich satt
an Silben

Vor meiner Tür
steht
der Weltuntergang

Freunde
ich frage
Aufwiedersehn

Katze

Katze aus Schnee
Bernstein aus Schlaf
steingehauen

Milchsanftes
geschmeidiges Tier
immer
auf dem Sprung
nach Mord

Irrsinniger

Finsteres Muttermal
ein trockener Blutstropfen
auf der
Seelenhaut

Worte fressen
einander

Das Lachen
erstrickt

Ein Wald wächst ihm ins Haar
Liselore kämmt es

Er mordet die Mutter
sie lebt weiter
im Traum
und küßt ihn
aufs Herz

Der unbekannte Soldat

Ich bin
der unbekannte Soldat

Alle Länder
legen Kränze auf mich

Sie drücken mich
nieder

Wiedergeburt

Den Todestribut auf den Augen
gehen die Toten
Embryos
in ihre dunkle Wiedergeburt

Liebevoll aufgenommen
vom Erdschoß

Sandsein ihr nächster Name
der nächste Verwandlung

Unterwegs

Die Namen
der Erdteile
in meine Fersen
geätzt

gefaltet
mein Haus aus Papier
im Arm

Unterwegsländer
eilen

Mein Schritt
kommt nicht an

Tohuwabohu

Diese Stunde
Überfall Leben
Tohuwabohu

Wer weiß
wann deine Stunde schlägt
eine Biene sticht dich ins Aug
ein Messer sucht deinen Rücken

Wege verworren aus Herzblut und Feuer
vor deiner Tür stehen zwei Drachen
nicht rechts nicht links schau
geh in dein Zimmer wo
das tägliche Brot
trocknet

Meine Jahre

Was taugen sie mir
meine Jahre
ich rechne nicht mehr
mit ihnen
ab
ich rechne
nicht mehr

Ausgleich

Ich lebe in meiner
Verwesung
ein Wesen im Kopf
und Gelenken

im Reich
verwesender Leiber
blühender Augen und Lippen

In memoriam Chane Rauchwerger

Getto
Hungermarsch

Bei 30 Grad unter Null
schlief meine fromme Tante
(immer betete sie
glaubte inbrünstig an Gerechtigkeit)
schlief meine sündlose Tante
ihre Tochter ihr Enkel
nach vielen Hungermarschtagen
auf dem Eisfeld in Transnistrien
unwiderruflich
schliefen sie ein

Der Glaube
der Berge versetzt
o weiser Wunderrabbi von Sadagora
Chane Rauchwerger glaubte an dich
wo warst du
damals
wo war dein Wunder

Gegen

Wir halten die Welt
an der Hand
führen sie ein
in unser Vertrauen

Hier die Länder
Licht an Licht

Wir nehmen sie in die Hand
führen sie ein
in die Namen

Drohend
Schatten an Schatten
stehen sie
gegen uns auf

Zigeuner

Zigeunerzeit
dies ruhelose
gelassene Leben

mit Geige Karten
und Zukunftsspiel

Pappeln

Laß die friedlichen Pappeln
in Frieden
die grünen Zeigefinger
zum Himmel

Atme ein ihren Atem
sie
werden dich überleben

Ob dein Vers
sie überlebt
weiß der Himmel

Im drängenden Herzlauf der Zeit

Winter V

Es schneit
in mein Herz
Eiszapfen funkeln

Im Schlitten fahre ich
nach Sibirien
um verbannte Freunde
zu suchen

Sie sind erfroren
ich finde nur Schnee
der wächst
bis zum Himmel

Wie komme ich
heim

Verschwörung

Rosen
verschworen
die Luft zu erdrosseln

Wir flüchten

Das Dornennetz
fängt uns ein

Wir
maschenvermummt
in Atem gehalten
von
schwindsüchtig-roten
Kelchen

In den Bergen

Siamesische Riesen
im gemeinsamen Stein

Wolkenschlachten
im Blitzfeld
Volk gegen Volk

Der Bergsee
kennt viele Gesichter
vergißt sie
im Nu
irrlichttreu

Schluchtenentlang
an der Wurzelumklammerung
Geh in dich

Trauerblumen

Aufgewachsen
unter Heiligen
Asche lang

In ihrer Nähe
lebe ich
in lehmiger Kutte

Muttermal
meine sprießende Wunde

Die Trauerblume
gedeiht

Treue I

Mein Meer
bewahrt mir die Treue
in seinen Spiegeln
find ich mich wieder
vielfältig

Es singt mich
zur Ruh zur Unruh
aufgelöst
in endlose Rhythmen
singt es
meinen wässrigen Leib
in den Sand

Spirale

Aus Phosphor die Dame
schön eine Schlange
dem Pfarrer ins Haus geschickt
vom anfänglichen Engel

Wie soll er sich wehren
schwarz ihre
Feuerzunge
die Dame schöner als schön
himmlische Schlange

Der Herr zu hoch
sein Wille geschehe
Phosphorsäule
Schlange nur Dame
im Haus des Herrn
wie soll er sich
wehren

Wo III

Wo
Gevatter Tod
in welchem Kelch
Schierling oder Bordeaux
wartet dein Anrecht
auch mich

Ich werde dich nicht
verraten
sprich

Rettung

Regen fällt
fällt uns in den Schoß
Regen
keine Dukaten

Götter treiben
den Ozean
in schlafenden Schiffen
reisen die untergegangenen
Länder

Wir waschen unsre Hände
im Regen
der Himmel fällt uns nicht
in den Schoß

Es blitzt
wir flüchten
ins Wolkenschloß

Himbeeren

Im Himbeerstrauch
dein Gesicht

Mein Blick blutete
als ich es
aus den Dornen schälte

durchsichtig
Liebkosung aus Luft

Im Augenblick heilte die Wunde

Ich der Strauch
du die Himbeersonne

Die Beeren hatten
deinen Duft

Wo II

Die Wunder
sind verebbt

Riesenzwerge aus Pappe
Flugzeugländer

Neue Fragen
mit harten Rippen

Wo sich
vor der Antwort
verbergen

Vergebung

Die schöne
Schlange

Ich hab ihr
mein Sterben
verziehn

Wie könnte ich leben
ohne zu wissen
daß Adam
mein Mann war

Mona Lisa

Vergiß nicht den Hintergrund:
Wasser und Strauchwerk,
Schlangenpfad hinter der Schulter,
Wege ins Braun.

Bis an den Rahmen
beteuern die Dinge:
Nicht wir!

Die Mitte vorne
hat einen Körper,
Gesicht und Gewicht
für uns alle.

Der heiter trauernde Blick
(ohne Brauen)
simultan nach vier Seiten
erreicht dich.

(Jahrhundertelanges Gespräch
um ein Lächeln,
das noch nicht lebt.)

In der Schwebe
Lippen nach oben geschlossen.
Meister der Maße:
Wo fängt das Lächeln an?

Weißt du nicht

Merkst du nicht
die Schlange vor deinem Schritt
hebt ihren Kopf

Zeigt dir der Spiegel
nicht deinen Traum

Hörst du nicht
die Klage der
krebskranken Frau
aus dem Hinterhof

Weißt du nicht
daß das Licht
einen Leib hat
in deinem Denken

Gold

Jede Berührung belohnt
dem König Midas

Alleinsein
im Gold

Kauf dir
eine Brotrinde
ein Salzkorn
ein Euter

Glanz
hast du gekauft
deine Zähne kauen
Edelmetall

Freue dich
deine Goldorgane
werden deine Erben
schätzen

Mein Architekt

Mein Architekt
baut Mauern
um meinen Blick

In seinem Aug gefangen
tastend
bewege ich mich
suche einen Weg
einen Ausweg
um ihn zu finden

Nimm mir
meine Geburtstage
von den Schultern

wo die Flügel
noch nicht
gebrochen sind

Was anfangen

Was anfangen mit den vielen
ungeschriebenen Gedichten
den stenografischen Notizen
unlesbaren Zeichen

Was anfangen
mit den zerrissenen Worten
die sich verbinden
mich anklagen fordern
sie zusammenzusetzen

Wo fange ich an
wo höre ich auf
im drängenden
Herzlauf der Zeit

Wenn man wüßte

Wenn man wüßte
wie die Wohnung einzurichten
nach dem Maß des Atems
Tisch Stühle Bett
zu rücken in die Ruh

Den Schrank zu füllen
mit Geschirr und Schatten
dazwischen Pfade
für luftige Füße

Rosen in der Regenvase
im Glasbehälter
goldne Kiemen

Gelegentlich käme Besuch
von Fremdverwandten
ein Findling
ein Königskind

Sterne stünden Wacht
vorm Wind
die Krüge füllt der Mond
mit Abendwein

Wenn man wüßte
wie mit sich selbst
vereint zu sein

Karneval

Verlaß dich
auf die Unordnung

Die Stadt hat Auftrag
fröhlich zu sein

Der Mensch ist ein Kind
das will spielen
mit Feuer der Mensch
ist ein Kind auf der Straße
im Karnevalsreigen
Körper aus Kleidern
nimm die Klapper
Flecken gehn um

In den Himmel wachsen und welken
Blumen aus Sprengstoff
Karnevalsglück
der Mensch ist ein Kind
das lacht unter Tränengas

Was verbirgt sich

Mutter und Vater
im Schattenland

Gebirge
aus schwarzem Stein

Was verbirgt sich
hinter dem Licht
wo du warst
und sein wirst

Schlaf

Mit blinden Sternen
umstellt die Nacht das Haus
mit Blindenschrift
aus schwarzen Haken

Wir haben unsern Anteil Blindheit
eine augenlose Katze im Sack
gerettet vor dem Licht

Im Haar der Widerhaken
die Bettstatt: verchromtes Stroh
ein hartes Ruhekissen
für einen der nicht schläft

Wo
auf welchem verendeten und
ausgestopften Gewissen
liegt der Schlaf

Was hindert dich

Was hindert dich
immer du zu sein

Jeder Baum
hat sein Vielgesicht
seine besondere Seele
Eigenheiten

Du kennst Menschen
die dich nicht kennen
verstehst
ihre Augensprache
die Gesten ihrer Hände
ihr Versagen ihren Erfolg

Du bist vertraut
mit Deinen Träumen und
Enttäuschungen

Was hindert dich
mit dir selber
fertig zu werden

Schattenfleck

Flüchtige Muster Nachmittag auf
Vorhang Divan Wand war nicht vor einem
Augenblick die Fee hier Anemone
schüttet Farben in die Iris nicht hier
bin ich hier war einmal ein Milchfleck
ein Schattenfleck gestorben sagte der schwarze
Mann im Traum Puppe aus Porzellan steh brav
im Schrank ich will nicht brav sein tanze
um den Samowar er singt Kanarienvogel
aus dem Käfig fliegt das Zimmer
Kupferbrunnen Anemonentee

Zieht sich zurück das Licht hat
keine Zeit die Fee Adieu zu sagen entblättert
auf dem Schattenfleck Spuren rotviolett
in meiner Pupille tanzen Schatten der
schwarze Mann auf dem Vorhang Divan Wand ich
will nicht brav sein Puppe aus Porzellan
im Schrank der Brunnen
schließt die Kupferaugen

Wer II

Wasser
mein Kleid

mein Schuh
gescheitertes Schiff

Regenbogen
mein Hut

wer
wird mich erkennen

Mit leeren Händen

Ich komme zu mir
mit leeren Händen
fülle sie
mit Erinnerung
an eine sandgewordne Hand
auf die der Mond
seine Blindheit schreibt

Rauchzeit

In dieser Rauchzeit
ist der Glaube erstickt

Zünde eine Gedenkkerze an
im Tränenglas

Oder II

Hörst du
das Winterherz
schlägt an dein Herz

Bald
wird es still sein

Aber über dem Schnee
winkt schon der Frühling
mit bunten Blüten

Du weißt
es ist nicht für dich
oder

Wann beginnt

Distel Drossel
Steine im Strom

Ich träume
den tiefen Atem
der Nacht

Minerale im Blut
dieses Blinden-
Karussell

In den Bergen
fällt Schnee
im August –
der blinde Sommer

Meine Insektenzeit
beim Zwergvolk

Fällt eine Lawine
mein Haus
bau ich ein andres
Wasser

Mit den Fischen
versteh ich mich gut
ich warne die Forelle
vor dem Menschen

Halt
ruft er
aber ich gehe
dem Tag nach
den der Bach abtreibt

Wann
frag ich mich
wo
beginnt
mein Leben

Nimm die Augen meiner Worte

Vielstimmig

Einmal wirst du
ich sein ich
werde du sein
einst

Kassiopeia verliebt
in Mars

Das Herz des Himmels
umarmt
das Erdherz

Tausch um Tausch
vielstimmig
Wortverwandtschaft

Dorn

Ich wollte dir
eine Rose dichten
es wurde ein Dorn

Ein Gedicht
wollt ich dir blühen
wurde ein Dornwort
die Rose

Nachher

Nach der Nullstunde
tauten auf
die gefrorenen Worte

Unser Atem
wurde tiefer

Die alte Sprache
kehrte jung zurück

unser verwundetes
geheiltes
Deutsch

Schreiben II

Worte
schreiben sich
in mir

Sie besuchen mich
atemlos
nehme ich sie auf

Sie kreisen um mich
ich schreibe ihren Kreis

Was du nicht weißt

Als wüßtest du
woher

Als wüßten Wasser Sterne Luft

Was du nicht weißt
erschafft
dein Wort

unwissend
sicher

Briefe IV

Ich lebe in einem Raum
aus Briefen

schreibe
mein Leben
an fünf Kontinente

Verwandte Freunde Bekannte
wir begegnen uns
auf dem Papier
reisen zueinander
in die Wortwelt

fragen antworten
was es noch gibt
was wir verlieren gewinnen
was wir sind
auf unserm Stückchen
Kosmos

Worte II

Mund
Mund der spricht
spricht Worte
helle
harte
verständliche
unbegreifliche
Worte

Mund an Mund
blühen Worte
behauchte
zu den Sternen geblasene
Worte

Sie fallen ins Gras
steigen auf mit dem Nebel
fallen herab mit dem Regen
willig
unwillig
sprühende
schwerfällige
Worte

abgerissen
aneinandergereiht
zusammengewachsen

Hauch in Hauch
die unverstandenen
ewigen Worte

Blumenvogel

Blumenvogel
mein Doppelgedicht
stachelbefiedert

fliegt manchmal
in den Himmel
hat eine verzweifelte Stimme
moll
dur

wie ein Vogel
nach Liebe ruft
wie eine Blume
sich wehrt und öffnet
im Licht

Grün und Grün

Worte eines Gedichtes
das mich schreibt
grün und braun

Ich erkenne mich nicht

Du gehörst mir
sagt der Frühling

Ich bewohne dich
sagt der Herbst

Revolte

Eine Revolte ausgebrochen
unter Wörtern
die sich nicht ducken
vor Verboten

Lippen nicht mundtot machen
auf die Spitze treiben
das Haupt-Wort
Liebe

Übergang II

Die Pappeln werden leer
kein Lied in der Luft

Deine Lippen füllen sich
mit Farbtönen
Untergangsgrün
rauhes Rot

Die weiße Allfarbensprache
lichtkonzentriert
nimmt dich beim Wort

Zwischen ja und nein

Modulation
einer Stimme

Zwischen Ja und Nein
die Spannung
einer Lippenlänge

Bezwungenes
Wort

Dichtung

Du hörst den Baum
Blätter erfinden die Fabel
du erfährst den Wald
Eichhornaugen
suchen Barmherzigkeit
in deiner Hand
du hörst Nüsse fallen
der Specht rüttelt Blätter
klopft an den Baum
klopft an dein Ohr
du hörst
erfährst

Ähren
diese verstohlenen Stimmen
fahren auseinander im Wind
finden sich im Wind
Stimmen gemeinsamer Einsamkeit
du erfährst das Ährengeheimnis
deine Stimme
zwischen den Zeilen
eine Ähre im Wind

Du siehst die Inschrift
im Halm im Blatt
hörst Brot wachsen
erfährst
das Waldwort
die Fabel
das Hungergeheimnis

Augen hören

Du bist blind
und taub

Nimm die Augen
meiner Worte

Sag mir was
ich sagen soll

Die Augen meiner Worte
hören dich

Feiern

Mit sechsundzwanzig Buchstaben
feiern
das Wunder
Wort

Die Posaune blasen
für das Schöne
Landschaft Amsel Mensch
Bild und Skulptur

Liebe
Sternspiel Erde
Heimat Mutter

Gedächtnis
und Atemhauch

Nimm

Nimm meine Worte
die von der Erde sind

Ich hab sie
aus dem goldenen
Kranz der Sonne
geholt
ins Bewußtsein

Sie sind mutig
und wollen
leben

Stab

Ein Gedicht
beginnt nicht
hört nicht auf

Spiegel aus Luft
Stab der verwandelt

Wenn Worte

Vom Schweigen besessen sein
Ungesagtes aussprechen
wann Worte sich finden und
Rede stehn

Das Verschwiegene

Wir haben nie
aufgehört
WIR
zu denken

Stimme
bewohnt unser Wort

wiederholt
das Verschwiegene
Wir

Widmung

Worte
Mütter und Väter
meiner zahllosen Wiedergeburten
und meiner Kinder

Glückliche verzweifelte
blinde weitblickende
Worte
führen mich
zu euch

bringen mich zurück
zu mir selber

und meinem Lebenssang
den ich euch widme

Buchmesse

Verwandelte Stimmen
toter Wälder
rufen
rufen auf

Anfangswort
so blau
das Schwarz
auf dem Blatt

Wörter der Mitte
Vermittler

Aus Zeilen
Zelte

Silben
finden sich

im Kinderatem

auf zeittätowierten
Lippen

Buchstabenkrieg

Es geht
um die zuckende Erde
den gekreuzigten Himmel

in einem Winkel
der Friedensengel
schläft

Lautloses Gespräch

Deine Worte lautlose
Silben legst du
mir in den Mund

Gesprächig dein Atem
bejaht unser Jahr

Wir haben uns viel
zu sagen viel sagt dein
Hauch meiner Haut

Ohne dich stumm
die Stunden ohne dich
stumm

Robinsoninsel

Wie bin ich
auf die stumme
Robinsoninsel geraten

Palmen
Kokosnüsse
ich überlebe

Wellen reden mich an
wollen mich überreden
bei ihnen zu wohnen

Ich liebe
feste Erde

Es heißt
Holz fällen
ein Boot bauen
und heimfahren
ins Wortland

Ungesagt

Ungesagt
alles
die ersten Eröffnungen
noch nicht Fuß gefaßt
im Gehör

Tägliche Sage
Hunger
In Brot verwandelt

Lippen träumen
Zwiegespräche
im Schlaf

Landkarte
im Sprachgefühl
was sagen die
verschwiegenen Sterne

Unbescholten
vor dem Sündenfall
sind wir

vergessen
Sager und Sage
fragen
vergessen die Antwort
fragen

alles
noch ungesagt

Zwischenzeilwort

Viele Gedichte gefunden
aber
Ich suche das Wort
Zwischenzeilwort
im bunten Buchstabentanz
Konsonanten Vokale
Vokabeln ich taste
die Weite und Tiefe
der Wörter
suche erfinde
das verstohlene
Wort

Für dich

Der Storch aus meiner
Wortwelt
bringt mir Kinder

Ich schenke sie
dir

Die Blinde

Die Blinde am Fenster
schaut in ihr
Licht

Sie wiederholt
das Wort
schön

Was sie nicht sieht
sieht sie
schön

Mode

Getrennt
vom Satz
das Wort

Einsiedler
auf sandiger
Insel

Im Silbenboot
Rundfahrt
um die eigne
Achse

Schreib

Pakt mit dem klugen Spötter
er gibt dich Hexen preis
sie tanzen dich
ins blendende Nichts

Was du schreibst verschluckt
der Augenblicksmoloch
er reißt dir
die Sätze vom Finger

Deine Feder sträubt sich
beim Niederschreiben von heiligen Namen
sie wollen ruhen in ihren Atomen

In Atem gehalten von Metamorphosen
die Toten haben nicht Zeit
deine Fragen zu beantworten

Am Himmel stehn unverständliche Zeichen
vielleicht auch deine Handschrift
der Text diktiert
von wem

Schreib
es bleibt dir
nichts übrig

Verfolgt

Mein Handwerk hat
einen papiernen Boden

Er bricht
nicht

Unverwüstliches Wort
immer auf der Flucht

verfolgt
vom Wahn der Ewigkeit

Ans Ufer

Mit dem Wasser
sprechen
von Fisch zu Fisch

Schwimmende Worte
ans Ufer getragen

Sonne Sand und Mensch
fangen sie auf

Lesung

Worte die dich wiedergeboren haben
fallen von deinen Lippen
aufgefangen von fünfzig oder hundert
Wortliebhabern

Die Stille brüllt hör auf
aber die Worte stehen streng
vor deinen Augen die
deinen Lippen diktieren ließ

Die Muse schläft in einem Winkel
des Saals

In einer halben Stunde
darfst du tiefer atmen
dich freuen über den Beifall
beantworten die unvernünftigen Fragen

Handschrift

Ich habe die Schrift geprüft

Im rechten Winkel die Neigung
Hochgefühl
wie rasch das Tintenblut fließt
Haargeflecht Schattengeflecht
welcher Sinn

Spiel aus Spiegeln
Silbengebilde
bewegen sich im weißen Raum
leichtfüßig wie der Schreiber
zeigt schraffiert seine Züge
klar die Zeichen im Blick

Zwischen den Zeilen
verstohlen
geistert der Traum

Lippen
ungebrochene Linien
nehmen den Deuter
beim Wort

Dazwischen tanzt dein Traum

Singvögel I

Flügge
vom Äther verwirrt
unwissend auf welchem Strahl
die Töne zu reihn

stürzen sie sich
ins Licht

Mit ausgebreiteter Freude
der erste Schrei

Der Stimme gewiß
überlassen sie sich
dem Sang

Unermüdliche Übung
im Glück

Ein Märchen II

Im Pruth hüpften die
Spiegelbilder der Weiden

Ich badete und
sang Lieder

Es waren
verstohlene heitere Stunden
mit Freunden und
freundlichen Fremden

Daheim erwarteten mich
wichtige Bücher und
unbeschriebene Bogen Papier

Ich las ich schrieb
und träumte
es würde sich alles
zum Guten wenden

Ein Märchen
kurz vor der
Weltkatastrophe

Leonardo da Vinci

Im Louvre hängt das
Lächeln der Mona Lisa

Leonardos Flugtraum
Wirklichkeit geworden

Auch das Giocondalächeln
ist wahr
ein Spiegel
in dem jede Frau
sich erblickt

Nur einen Augenblick

Du hast dich eingeschlichen
in meinen Traum
deine Jahrtausendwohnung

Laß mich
nur einen Augenblick
wach sein

Lied III

Du schwiegst zu mir
wie ein Orakel

Ich wartete
auf deinen Wink
und folgte dir
bis zu den Wolken
die um uns schlossen
einen Ring

Du sprachst zu mir
wie ein Orakel

mit deinem un-
sichtbaren Mund
schwing du
dich selbst empor bis
zu den Sternen
mit Worten aus dem
Herzensgrund

Wach bleiben

Nicht geglückt
die Ehe mit dem Schlaf

Wir sind geschieden

Es heißt
wach bleiben
und träumen

Dazwischen

Du
in Farben gehüllt

Einen Happen Brot
einen Happen Tod

Dazwischen tanzt
dein Traum

Gib Kunde

Gib Kunde
vom Traum
der dich gebar
der dich träumt

Gib Kunde
Geträumter
vom Ursprung
deines Traums

Welche Urkunde
zeigt deine
Herkunft

Am Meeresgrund
die noch verborgene
nicht ins Licht gehobene
Schrift

Gib Kunde
wie träumst du
die Ordnung der Buchstaben
die Anordnung
          JA
      NEIN
TRAUER
GESANG

Weit der Weg
zu den zwei Buchstaben
J   A

Wie erreichst du
die magische Stelle
im Alphabet
den geheimen Buchstaben
den eingeträumt tödlichen
Anfang

Mai V

Der neue alte
Meister
taucht Farben
in Blüte
unsre Augen
in Farben

Kindgeworden
unter dem Maikäfermond
wir blinden
Tauträumer

Singvögel II

Die Kaltzeit
hat die Singvögel
verbannt

Ihr Traum
treibt sie
in die Wärme

wo
sie singen können

Maskensturz

Im Maskensturz
das fünfsinnige Hier

Noch
bin ich bei dir
Verwandelter
bist du noch
dem vollkommenen Vorbild
verwandt

eine Augenahnung
mein Freund

Von früh bis spät

Der Morgen erzählt
die Abenteuer der Nacht

Am Vormittag
bringen Störche
Kinder ins Haus

Nachmittags wachsen sie
weinen
und lachen die Mutter aus

Abends
sind die Menschen alt
und erwarten
verjüngende Träume
von der Nacht

Geschwister

Aus dem Buch die Stimme
spricht deutlich
ihr Credo

Sie hat mich gefangen
ich leg mich
in ihr Märchen
atme ein ihren Zauberduft

Geschwister sind wir
kennen uns nicht
aber wir schwimmen
im gleichen Strom
und lieben
das Schweigen der Fische

Hinausschieben

Immer wieder
hinausschieben
den Traum

Der Geigenspieler
wird dich verführen
der Demagoge
der Mann mit der Münze

Dein Gesicht
verschoben
von Atem zu Atem

Du wirst suchen
im Geflecht aus Gesten und
Versprechungen

Sie werden dich entführen
und du wirst dich suchen
und immer wieder
hinausschieben
deinen Traum

Rückkehr

Du wirst zurückkommen
zu den Geheimnissen

Sie werden zu dir kommen
wenn du Getreide mähst
oder Wörter drischst

oder
du liegst auf der Alm
neben sterblichen Disteln
aufgedunsen von Wissen
überdrüssig

ein betäubtes Tier
festgeschlafen
in Rückkehrtraum

ein anderer
Atem

Flucht II

Flucht
zur Schlaraffenwiese

Spiel mit Kamelien
und gesponnenen Kugeln

Im Einverständnis mit der Luft
schwebst du einen Atemzug lang
auf einem Löwenzahnfaden

fällst zurück
aus der Flucht
in die
Wirklichkeit

Unzulänglich

Ich wehre mich
gegen mich

die nicht leben kann
ohne das unzulängliche Märchen
Wahrheit

Die Nacht II

Die Nacht
                lehnt an den Mond ihr Gerüst
fällt der Mann aus dem Kreis altmodisch
gekleideter Greis eine Mumie lächelt
die Sphinx es ist nicht wahr es ist wahr
sie lächelt sie lacht dem Greis ins
vergilbte Gesicht

Ein Meteor fällt durch die Tasche aufs Pflaster
die Börse bankerott in dieser und
jener Welt fallen Blätter
Blätter zeigen an die Aktien die Auktion fängt an
lächelt die Sphinx es ist nicht wahr es ist wahr
sie lächelt sie lacht dem Hammer in den Schlag

Kassiopeia überbrückt die Kluft bald
bist du unter dem Hammer Münzen brennen
in der Hand der Käufer wägt der Glanz der Täufer
das Wasser Untergewicht lächelt die Sphinx
es ist nicht wahr es ist wahr sie lächelt
sie lacht dem Käufer dem Täufer gleichzeitig
gleichmütig
ins vergilbte Gesicht

Grüne Chiffre

Brennesselsonne
liebkost das
Stiefmütterchenkind
totviolett

Der Erzengelsohn
mit verbrannten Fingern
zählt er die Zeit
Blätter im Klee verborgen
ein kleiner Akkord vierstimmig
kein Stiefmutterspiel

Spiel grüne Chiffre Glück
mit dem Kind

Morgenröte

Gestern
weinte der Himmel
die Erde
trank seine Tränen

Heute ist Kindertag
am Horizont
die Kinder tanzen einen
roten Reigen

und die Erwachsenen
fragen
wann träumt der Himmel uns

Suchen I

Ich suche
eine Insel
wo man atmen kann
und träumen
daß die Menschen gut sind

Mit Schweigen

Mit meinem Schweigen
werde ich dich
zum Reden bringen

Dann hören wir
gemeinsam
den unterirdischen
überirdischen
Gesang

Der Ring

aus Golddraht
hält blauen Glanz

Gold das sich dreht
um den Finger
um das sich dreht
die Erde

Himmelsgold
da gehen Engel spazieren
stehen in runden Reihen
blau
wie der Saphir
im Ring

Lassen uns nicht

Mein Volk

Mein Sandvolk
mein Grasvolk

wir lassen uns nicht
vernichten

Nicht verloren

Kein Augenblick
verloren

Maiglöckchen
läuten lautlos
ihre Duftzeit

Bäume
im Jahrhundertgespräch
mit Nachbarbäumen

Dein Atem träumt
durch das Atemherz
des Augenblicks

Suchen II

Ich such dich
im Lande meiner Träume
rufe dich
ein Echo kommt zurück

Ich dringe
zu den Wurzeln
schenke meine Sterne
einer unbekannten Hand

Noch hör ich
deine Stimme die
vor hundert Jahren
mir viel zu sagen hatte

Ich rufe
suche dich im Lande
meines Traums

Traumdeuter

Josef
umarmt den Staub

Mir träumte:
eine der Siamesischen Zwillinge
nahm einen Mann
aus Verzweiflung
in den Schoß der andern
fiel ein Komet

Mir träumte:
ein Heuschreckenheer
verheert die Ernte
auf die Hungernden
fällt ein Feuerregen

Eine Stimme flüsterte
im Traum:
Geist macht alles ungeschehen
wird
die Macht ergreifen
und
das Traumkraut segnen

Träume werden Zeichen geben
mahnte die Stimme

Aber es ist kein Verlaß
auf die Traumdeuter
von heute

Träumen II

Ich träume dich
Freund

Komme zu dir
wenn du mich rufst

Komme mit dir
wenn du mich mitnimmst
in deinen Traum

Unentbehrlicher Anfang

Seit drei Ewigkeiten
suche ich dich
Unbeschreibbarer

Du schläfst
zwischen Erde und Himmel
und bist doch immer
wach
ein unentbehrlicher
Anfang

Editorische Notiz

Im vorliegenden Band wurden alle von Rose Ausländer noch nicht veröffentlichten, aber zur Veröffentlichung vorgesehenen Gedichte publiziert. Zudem sind drei von ihr veröffentlichte Gedichte aufgenommen worden, die erst vor kurzem aufgefunden wurden.

Da die Autorin verschiedene Texte unter dem gleichen Titel veröffentlichte, sind diese Titel mit einer römischen Numerierung gekennzeichnet. Die Folge dieser Ziffern richtet sich nach den jeweiligen Veröffentlichungszeitpunkten, das heißt der Text, der als erster unter gleichem Titel veröffentlicht wurde, trägt die römische Ziffer I. Hierbei ergeben sich Abweichungen von der Numerierung in früheren Einzelbänden, da die römische Numerierung dort häufig fehlerhaft ist, so daß Doppelzählungen vorkamen. Die Numerierungsfolge gibt keinen Aufschluß über die Entstehungsdaten der Gedichte. Da diese nur teilweise nachgewiesen werden könnnen, stützt sich die Numerierung ausschließlich auf die Chronologie der Veröffentlichungen.

Gelegentlich ist es vorgekommen, daß die gleichen Texte unter verschiedenen Titeln publiziert wurden. Bei den Vorarbeiten zu dieser Ausgabe konnten »Doubletten« festgestellt werden. Ins Gesamtwerk aufgenommen wurde jeweils die erstmalige Veröffentlichung unter dem zuerst verwandten Titel.

Im Fischer Taschenbuch Verlag ist der Band *Rose Ausländer. Materialien zu Leben und Werk*, herausgegeben von Helmut Braun, in Vorbereitung.

Alphabetisches Verzeichnis nach Titeln

Ans Ufer 197
Augen hören 180
Ausgleich 127

Bekenntnis II (Ich bekenne / zu dir) 89
Blindlings 103
Blumen 35
Blumenvogel 174
Blutsverwandt 19
Briefe IV (Ich lebe in einem Raum) 172
Buchmesse 187

Dankbar 30
Das Loch 13
Das Unbekannte 74
Das Unersättliche 80
Das Verschwiegene 185
Dazwischen 209
Der Ball 116
Der Gipfel 75
Der Ring 225
Der unbekannte Soldat 122
Dichtung 179
Die Bäume 25
Die Blinde 193
Die Hand 94
Die Nacht I (Die Nacht) 36
Die Nacht II (Die Nacht lehnt an) 220
Die Schere 114
Die Spinne 109
Dorn 168
Drei 111
Droste II (Die Burg) 20
Durchsichtig 107

Eine kleine Nachtmusik 31
Ein Märchen II (Im Pruth hüpfen die) 204
Erinnerung an Frau M. 105
Erstgeburt 14

Es wird dafür gesorgt 81

Fanatisch 95
Feiern 181
Flucht II (Flucht / zur Schlaraffenwiese) 218
Flucht der Jahreszeiten 26
Fontäne 37
Frost II (Gefrorenes Feuer) 110
Füllhorn 49
Für den Krieg 55
Für dich 192

Gegen 129
Geschwister 215
Gib Kunde 210
Gold 148
Grüne Chiffre 221
Grün und Grün 175

Handschrift 199
Herzkirsche 21
Himbeeren 143
Hinausschieben 216

Im Aug 59
Im Mond 72
Im Wanderwald 96
In den Bergen 137
In memoriam B. Sch. 104
In memoriam Chane Rauchwerger 128
Irrsinniger 121

Jeden Tag 115
Jugend III (Fortunas / Walzerherz) 77

Karneval 153
Katze 120
Keine Zeit III (Fremder Freund) 92
Kneten 10
Königskerzen 41
Kreise 102

Lassen uns nicht 226
Lautloses Gespräch 188
Leonardo da Vinci 205
Lerchen 83
Lesung 198
Letztes Kapitel 119
Leukämie 44
Liebe VII (Eine Form des Lichts) 64
Lied III (Du schwiegst zu mir) 207
Lionel Feininger 54
Litanei II (Angstfrei / das Vogellied) 53
Literatur 63
Löwenzahn 43

März II (Wiedergekehrt ins Land) 48
März III (Im endlosen Uhrwerk) 58
Mai IV (Auf dem braunen Berg) 22
Mai V (Der neue alte / Meister) 211
Maskensturz 213
Mein Architekt 149
Meine Jahre 126
Meine Masken 82
Milch 32
Mimosen 87
Mit leeren Händen 159
Mit Schweigen 224
Mode 194
Mona Lisa 146
Morgenröte 222

Nachher 169
Namen II (Reise ins Namengebirge) 73
Nespolie 16
Nicht verloren 227
Nimm 182
Nimm mir 150
Nur einen Augenblick 206

Oder II (Hörst du / das Winterherz) 161
Oder III (Entlang einer Mauer) 86
Ohneschlaf 17
Oskar Kokoschka 33

Pappeln 131
Plünderung 42

Raben 28
Rauchzeit 160
Rettung 142
Revolte 176
Rhythmisch 65
Ritual 79
Robinsoninsel 189
Rückkehr 217
Ruhepunkt 11

Schattenfleck 157
Schlaf 155
Schreib 195
Schreiben II (Worte / schreiben sich) 170
Schweigen II (Eine verschwiegene Hand) 23
Schwierige Lektüre 45
Schwüre 34
Sinnvögel I (Flügge / vom Äther verwirrt) 203
Sinnvögel II (Die Kaltzeit) 212
Sonne V (Der Hahnenschrei schneidet) 18
Sonne IV (Ein Kind in Angst) 60
Sonnenstrahlen 50
Spirale 140
Stab 183
Stammbaum 93
Stammbuch 56
Staunen II (Hinter meinem Frohsinn) 84
Steine 66
Suchen I (Ich suche / eine Insel) 223
Suchen II (Ich such dich) 228

Taub-Stumm 88
Tau 29
Tohuwabohu 125
Tote Orakel 118
Träumen II (Ich träume dich) 230
Trauer III (Die Trauer / ist ein Vogel) 46
Trauerblumen 138
Traum II (Auf einer Wiese) 38
Traumdeuter 229

Treue I (Mein Meer) 139
Treue II (Auf dem Kristallberg) 99
Trug 78

Übergang II (Die Pappeln werden leer) 177
Übergang III (Das Küstenkind) 12
Überhört 117
Überholt 85
Um zu lieben 108
Unbeschriebenes Blatt II (Du triffst) 61
Unentbehrlicher Anfang 231
Ungesagt 190
Unsterblich 100
Unterwegs 124
Unzulänglich 219

Verbunden 112
Verfolgt 196
Vergebung 145
Verregneter Sommer 51
Versagung 106
Verstehst du 71
Verstümmelt 101
Vertrauen II (Die Rose / vertraut sich) 57
Vielstimmig 167
Von früh bis spät 214

Wabe 24
Wach bleiben 208
Waiting for Godot 67
Wann beginnt 162
Was anfangen 151
Was du nicht weißt 171
Was hindert dich 156
Was immer es sei 90
Wasser 113
Wasserdicht 62
Wassilij Kandinski 47
Was verbirgt sich 154
Weißt du nicht 147
Wenn man wüßte 152
Wenn Worte 184
Wer II (Wasser / mein Kleid) 158

Widmung 186
Wieder Diogenes 9
Wiedergeburt 123
Wiederkehr 27
Windbrunnen 52
Winter V (Es schneit / in mein Herz) 135
Wo II (Die Wunder / sind verebbt) 144
Wo III (Wo / Gevatter Tod) 141
Worte III (Mund / Mund der spricht) 173

Zeichen der Zeit 68
Zigeuner 130
Zurück V (Der Baum / vor) 76
Zusammenhang 91
Zwischen ja und nein 178
Zwischenzeilwort 191

Alphabetisches Verzeichnis nach Textanfängen

Als wärst du Stein / zu Tode getropft 62
Als wüßtest du / woher 171
Analphabetisch / les ich 108
Angstfrei / das Vogellied 53
Auf dem braunen Berg / wächst wieder Grünhaar 22
Auf dem Kristallberg / Treue geschworen 99
Auf einer Wiese / voller Primeln und Löwenzahn 38
Aufgefangen / von fremder Hand 116
Aufgewachsen / unter Heiligen 138
Auf grauen Luftschienen / pausenlos 51
Astralzarte Kugel / laß mich 43
Aus dem Buch die Stimme / spricht deutlich 215
Aus dem Füllhorn / hol die Feuer 49
Aus Farben / Körper kneten 33
Aus Phosphor die Dame / schön eine Schlange 140

Bekannte Unbekannte / rufen mich an 74
Berg aus Bildern 75
Berge / diese strahlenden Massive 59
Blumenvogel / mein Doppelgedicht 174
Brennesselsonne / liebkost das 221

Das Küstenkind / von Aurora geboren 12
Deine Worte lautlose 188
Den Todestribut auf den Augen 123
Der Baum / vor meinem Fenster 76
Der Fluß / wirft seine Kraft 66
Der Hahnenschrei schneidet 18
Der Morgen erzählt 214
Der neue alte / Meister 211
Der Ring / aus Golddraht 225
Der Schrank / frißt 100
Der Storch aus meiner / Wortwelt 192
Der Tod hat / auf mich 103
Die Atmosphäre schimmert 54
Die Blauäugigen Schwarzhaarigen 19
Die blaue / Jubelmaske 82
Die Blinde am Fenster 193
Die Burg / Burgfrieden 20

Die große Dotterblume / sonnt sich im Schnee 14
Die Kaltzeit / hat die Singvögel 212
Die Nacht an die Sterne / kneten 10
Die Nacht / ist mein Tag 36
Die Nacht / lehnt an den Mond ihr Gerüst 220
Die Namen / der Erdteile 124
Die Pappeln werden leer 177
Die Rose rostet 26
Die Rose / vertraut sich 57
Die schöne / Schlage 145
Diese Stunde / Überfall Leben 125
Diese Stunde / wird durchsichtig 107
Die sich wand um den Stamm 56
Distel Drossel / Steine im Strom 162
Die Tafel / mit dem Griffel verwundbar 111
Die Trauer / ist ein Vogel 46
Die Wunder / sind verebbt 144
Du bist blind / und taub 180
Du hast dich eingeschlichen 206
Du hörst den Baum / Blätter erfinden die Fabel 179
Du / in Farben gehüllt 209
Du kommst in die Taubenstadt 106
Du schwiegst zu mir 207
Du triffst / in die weisse Scheibe 61
Du wirst zurückkommen 217

Ehe der Atlas / eine Wendung macht 21
Ein paar Sonnenstrahlen 50
Ein Kind in Angst 60
Eine Form des Lichts 64
Eine kleine Nachtmusik 31
Eine Revolte ausgebrochen 176
Eine verschwiegene Hand / löscht die Lampe 23
Eine Wabe Zeit 24
Ein Gedicht / beginnt nicht 183
Einmal wirst du / ich sein ich 167
Einst / habe ich dich geliebt 27
Endloses Ritual / Zurückgekommen 79
Entlang einer Mauer / ging ich 86
Erblickst du / die Fata Morgana 71
Es gibt noch Lerchen / die nicht verlernt haben 83
Es schneit / in mein Herz 135
Es wird dafür gesorgt 81

Feuer / brannte ein Loch 13
Finsternes Muttermal 121
Flucht / zur Schlaraffenwiese 218
Flüchtige Muster Nachmittag auf 157
Flügge / vom Äther verwirrt 203
Fortunas / Walzerherz 77
Fremder Freund 92

Gefrorenes Feuer / legt mein 110
Gestern / weinte der Himmel 222
Getauft / von Regen 47
Getrennt / vom Satz 194
Getto / Hungermarsch 128
Gib Kunde / vom Traum 210

Hinter meinem Frohsinn 84
Hörst du / das Winterherz 161

Ich bekenne mich / zu dir 89
Ich bin / der unbekannte Soldat 122
Ich bin vom Stamme Levy 93
Ich habe die Schrift geprüft 199
Ich habe ihre Schreie / gehört 117
Ich komme zu mir / mit leeren Händen 159
Ich lebe in einem Raum / aus Briefen 172
Ich lebe in meiner / Verwesung 127
Ich schreibe / das letzte Kapitel 119
Ich sehe / eine Insel 223
Ich such dich / im Lande meiner Träume 228
Ich träume dich / Freund 230
Ich wehre mich / gegen mich 219
Ich wollte dir / eine Rose dichten 168
Im Dickicht den / Weg verlieren 45
Im endlosen Uhrwerk / das Märzrad 58
Im Geschäft wo / alles vorrätig ist 55
Im Himbeerstrauch / dein Gesicht 143
Im Körper die Körperchen 44
Im Louvre hängt das 205
Im Maskensturz / das fünfsinnige Hier 213
Im Pruth hüpften die 204
Immer sind es Bäume / die mich verzaubern 25
Immer verbunden / mit dem Nichts 112
Immer wieder / hinausschieben 216

Im Tautropfen / das Auge Tausendschön 29
Im Wanderwald / wachsen 96
Im Windbrunnen / ertrinken 52
In der Milchstraße 32
In dieser Rauchzeit / ist der Glaube erstickt 160

Jede Berührung belohnt 148
Jeden Tag sterbe ich 115
Josef / umarmt den Staub 229
Jung und schön / sie hatte schon 104

Katze aus Schnee / Bernstein aus Schlaf 120
Kein Augenblick / verloren 227
Kennst du meine Adersprache 94
Kleine japanische Birne 16
Königskerzen in Brand 41

Laß die friedlichen Pappeln 131
Lebloses Wasser das / alles Lebende 113
Leergelebte Reminiszenzen 118

Mein Architekt / baut Mauern 149
Mein Handwerk hat / einen papiernen Boden 196
Mein Meer / bewahrt mir die Treue 139
Mein Volk 226
Merkst du nicht 147
Mimosen lege ich / zwischen die Zeilen 87
Mit blinden Sternen 155
Mit dem Wasser / sprechen 197
Mit meinem Schweigen 224
Mit sechsundzwanzig Buchstaben / feiern 181
Modulation / einer Stimme 178
Mondgelbe Mimose / zart wie ein Hauch 35
Mühle die mahlt / schnell schneller 63
Mund / Mund der spricht 173
Mutter und Vater 154

Nach der Nullstunde 169
Nadeln ziehn scharfe Fäden 68
Nicht geglückt / die Ehe mit dem Schlaf 208
Nimm meine Worte 182
Nimm mir / meine Geburtstage 150

Ohne mich / wäre alles anders 91
Ohneschlaf / fließt zwischen Sternen 17

Pakt mit dem klugen Spötter 195

Raben / schwarze Gedanken 28
Regen fällt / fällt uns in den Schoß 142
Reise ins Namengebirge 73
Rosen / verschworen 136
Rote Tinte / hat meine Haut 30

Schlangenbeschwörung / unter dem Baum 67
Seit drei Ewigkeiten 231
Siamesische Riesen / im gemeinsamen Stein 137
Sie war eine Frau 105
So viele / Worte Fragen Erwartungen 109
Steingeborene / mit verstümmelter Stimme 101

Über Adern / Blumenblut und Gestein 65
Um den Nabel der Erde / kreisend 102
Um einen hohen Preis / eine Schere erworben 114
Ungesagt / alles 190

Vergiß nicht den Hintergrund 146
Verlaß dich / auf die Unordnung 153
Verschont / wird keiner 88
Verstümmelt die Bäume 34
Verwandelte Stimmen / toter Wäler 187
Verwandelt / vertauscht 85
Viele Gedichte gefunden / aber 191
Vom Schweigen besessen sein 184
Von einer Pause / zur andern 95

Waffen / in Hexenesse geschmiedet 78
Was anfangen mit den vielen 151
Was hindert dich / immer du zu sein 156
Was immer es sei / gut oder verwerflich 90
Wasser / mein Kleid 158
Wasserpflanze / ihre Spitze 37
Was taugen sie mir / meine Jahre 126
Wenn man wüßte / wie die Wohnung einrichten 152
Wer sagt / ein Mann 72
Wie bin ich / auf die stumme 189

Wiedergekehrt ins Land 48
Wiederkehrvögel / Amsel und Fink 42
Wir haben nie / aufgehört 185
Wir halten die Welt / an der Hand 129
Wir / in der Tonne 9
Wir Ungleichen / auf der gleichen Kugel 80
Wo / Gevatter Tod 141
Worte die dich wiedergeboren haben 198
Worte / Mütter und Väter 186
Worte / schreiben sich 170
Worte eines Gedichtes / das mich schreibt 175
Wo war der / der dem Schöpfer zusah 11

Zigeunerzeit / dies ruhelose 130

Quellenverzeichnis

Mona Lisa
In: Der Aufbau, New York, 30. 12. 1966

Durchsichtig
In: Düsseldorfer Nachrichten, Düsseldorf, 25. 4. 1970

Die Schere
In: Rheinische Post, Düsseldorf, 17. 2. 1971

Alle anderen Gedichte werden erstmalig veröffentlicht.

Gesamtregister

Bandzählung

1 = Die Erde war ein atlasweißes Feld. Gedichte 1927–1956
2 = Die Sichel mäht die Zeit zu Heu. Gedichte 1957–1956
3 = Hügel / aus Äther / unwiderruflich. Gedichte und Prosa 1966–1975
4 = Im Aschenregen / die Spur deines Namens. Gedichte und Prosa 1976
5 = Ich höre das Herz / des Oleanders. Gedichte 1977–1979
6 = Wieder ein Tag aus Glut und Wind. Gedichte 1980–1982
7 = Und preise die kühlende / Liebe der Luft. Gedichte 1983–1987
8 = Jeder Tropfen ein Tag. Gedichte aus dem Nachlaß

Verzeichnis der Abkürzungen der Originalveröffentlichungen

DR = Der Regenbogen, Verlag Literaria, Czernowitz 1939
BS = Blinder Sommer, Bergland-Verlag, Wien 1965
G = 36 Gerechte, Hoffmann & Campe Verlag, Hamburg 1967
I = Inventar, Hildebrandt-Verlag, Duisburg 1972
OV = Ohne Visum, Sassafras-Verlag, Krefeld 1974
AZ = Andere Zeichen, Concept-Verlag, Düsseldorf 1975
GG = Gesammelte Gedichte, Literarischer Verlag Braun, Leverkusen 1976
NR = Noch ist Raum, Gilles & Francke Verlag, Duisburg 1976
D = Doppelspiel, Literarischer Verlag Braun, Köln 1977
M = Mutterland, Literarischer Verlag Braun, Köln 1978
ES = Ein Stück weiter, Literarischer Verlag Braun, Köln 1979
E = Einverständnis, Pfaffenweiler Presse, Pfaffenweiler 1980
ED = Einen Drachen reiten, Pfaffenweiler Presse, Pfaffenweiler 1981
MA = Mein Atem heißt jetzt, S. Fischer Verlag, Frankfurt/M 1981
S = Südlich wartet ein wärmeres Land, Pfaffenweiler Presse, Pfaffenweiler 1982
MV = Mein Venedig versinkt nicht, S. Fischer Verlag, Frankfurt/M.
SS = So sicher atmet nur Tod, Pfaffenweiler Presse, Pfaffenweiler 1983
IZ = Ich zähl die Sterne meiner Worte, S. Fischer TB-Verlag Frankfurt/M 1985
IS = Ich spiele noch, S. Fischer Verlag, Frankfurt/M 1987
DT = Der Traum hat offene Augen, S. Fischer TB-Verlag, Frankfurt/M 1987

Alphabetisches Verzeichnis der deutschen Texte nach Titeln.

Nr.	Titel	Bd.	Seite
1	A	7	22
2	Abel	5	289
3	Abend I (Schatten stellen sich)	3	53
4	Abend II (Der Abendmund / blutet)	5	99
5	Abend III (Ohne Vorwand / tritt er ein)	6	60
6	Abendangst	1	202
7	Abendspiel	5	186
8	Abendstern	2	272
9	Abendstrophen	1	85
10	Abendverse I (Alle Kelche sind schon zu)	1	223
11	Abendverse II (Fremde Dinge wachsen zusammen)	5	221
12	Aber	3	31
13	Aber ich weiß	6	83
14	Aber rebellisch	4	108
15	Abglanz	6	176
16	Abschied I (Du gingst von mir, gefolgt von meiner Ruh)	1	123
17	Abschied II (Dieses Letzte möchte ich euch sagen)	1	206
18	Abschied III (Du denkst deinen strömenden Tag)	4	88
19	Abschied IV (Abschied / vor der Geburt)	5	288
20	Abschied V (Trauert / um deine Augen)	6	244
21	Abschrei	2	158
22	Abschreiben	5	313
23	Abstimmen	3	129
24	Acht Stunden	7	14
25	Adam	5	102
26	Affen (Kurzprosa)	3	193
27	Afghanistan	4	73
28	Age of Anxiety	1	268
29	Aix	4	133
30	Akropolis I (. . . die Stadt / über der Stadt)	3	51
31	Akropolis II (Spürst du / die Eindringlichkeit)	6	359
32	Alice in Woderland	2	101
33	Alle Gaben	1	38
34	Alle Menschen werden Brüder	6	307
35	Alle Spuren	6	228
36	Allee	5	103
37	Allein	5	104

OV = Originalveröffentlichung
EV = Erstveröffentlichung

OV	EV
SS	—
ES	Christ in der Gegenwart, Herder, Freiburg 1977
G	—
M	—
E	—
—	—
ES	—
BS	—
DR	—
—	—
ES	Akzente 1/2, Hanser-Verlag, München 1979
G	—
MA	—
GG	ZET, Nr. 9, Heidelberg, März 1975
MA	—
—	—
DR	—
M	—
ES	—
MV	—
—	—
ES	—
OV	Frankfurter Allgemeine Zeitung, Frankfurt 15. 6. 1971
—	Die Paradiese in unseren Köpfen, Arena, Würzburg 1983
M	—
OV	—
GG	—
—	—
NR	ensemble 7, dtv, München 1976
G	—
S	—
—	—
—	—
MV	—
MV	—
M	—
M	—

Nr.	Titel	Bd.	Seite
38	Alles	5	232
39	Alles atmet	1	127
40	Alles kann Motiv sein (Prosa)	3	384
41	Alles war schon	7	182
42	Alles was atmet	4	150
43	Almosen	4	55
44	Alpdruck	1	78
45	Alptraum (Kurzprosa)	3	178
46	Als auf den Fensterscheiben / die Blumen blühten	7	128
47	Als gäbe es	4	60
48	Als ich / aus der / Kindheit floh	7	287
49	Als ich in Constanza war	7	129
50	Als wäre		
51	Alte ergraute Frau	2	282
52	Alte Geschichten	4	68
53	Altenheim	6	249
54	Alter	6	67
55	Alter Becher	3	219
56	Altes Zeichen	6	317
57	Alte Zigeunerin	4	81
58	Alt – Jung	4	26
59	Alt und neu	4	198
60	Am Abend	4	204
61	Amen	1	307
62	Am Ende der Zeit	3	237
63	Am Himmel / die künstlichen Vögel	7	283
64	Am Karmel	5	106
65	Am Meer	5	107
66	Amor Dei	1	197
67	Am Rand I (Am Rand eines Gedichts)	3	163
68	Am Rand II (Rom führt / zu allen Wegen)	6	376
69	Am Rand III (Wir blühen uns zu)	7	258
70	Amseln / ich streue Brot	7	307
71	Amsterdam im Oktober	2	201
72	Am Strand	2	255
73	Am Ufer	5	228
74	Am verklärten Tag	1	69
75	Am Ziel	4	9
76	Andalusien	6	358
77	An deinen Traum	1	209
78	An den Überirdischen	1	210

OV	EV
ES	—
DR	—
—	Motive, Erdmann, Tübingen 1971
DT	—
NR	—
GG	—
DR	—
OV	Jahresring 72/73, dva, Stuttgart 1972
AZ	—
GG	—
AZ	—
AZ	—
ES	Der Report, Dortmund, 1. 6. 1978
BS	—
GG	—
MV	—
—	Jahresring 81/82, dva, Stuttgart 1981
AZ	—
MV	—
GG	—
GG	—
NR	—
NR	—
—	—
AZ	—
IS	Festtag in Manhattan, Pfaffenweiler Presse, Pfaffenweiler 1985
M	—
M	—
—	—
OV	Jahresring 74/75, dva, Stuttgart 1974
S	—
DT	—
IS	Neue Rundschau 97. Jg., Heft 1, S. Fischer, Frankfurt 1986
—	—
BS	—
ES	—
DR	—
GG	Jahresring 76/77, dva, Stuttgart 1976
S	—
—	—
—	—

Nr.	Titel	Bd.	Seite
79	Andere Zeichen	3	208
80	An der Grenze	3	155
81	Anders I (Anders / kommen sie)	3	21
82	Anders II (Es ist alles / anders geworden)	5	100
83	Anders gemeint	5	236
84	An die Nacht	1	240
85	An die Sonne	1	213
86	An ein Blatt	1	94
87	An einen Greis	5	29
88	An einen jungen Künstler	1	296
89	An einen Schmetterling	1	91
90	An eine Narzisse	1	45
91	An eine Schlafpille	2	202
92	An eine Tanzskulptur	1	102
93	Anfangen	4	65
94	Anfang und Ende	6	225
95	Angst I (Die Fenster flattern angstbesessen)	1	160
96	Angst II (Ich habe Angst / vor mir)	5	233
97	Anklage	4	182
98	An Pablo Neruda	3	141
99	Anonym	6	306
100	Ans Ufer	8	197
101	Antennen	6	273
102	Antrieb	7	181
103	Antwortlos	4	168
104	April I (Da kommt er)	2	252
105	April II (Auf meinem Fenster)	5	223
106	Aprilwind	6	47
107	Arche	3	133
108	Arglos	7	213
109	Arles	3	238
110	Asche	4	97
111	Aschenbrödel	4	61
112	Atem	5	237
113	Auch das Verborgene	2	161
114	Auch deine Trauer	6	43
115	Auch ich	3	135
116	Auch so etwas	7	23
117	Aufatmen / wenn die Gefahr sich verbirgt	7	269
118	Auf Barrikaden	3	226
119	Auf Befehl	5	238

OV	EV
AZ	—
OV	Sassafras-Blätter Nr. 11, Sassafras-Verlag, Krefeld 1974
—	SFB, Berlin 27. 4. 1967
M	Es ist alles anders, Pfaffenweiler Presse, Pfaffenweiler 1977
ES	—
—	—
—	—
DR	Klingsor. IX. Jg., Nr. 7, Kronstadt, Juli 1932
D	Jahresring 74/75, dva, Stuttgart 1974 (Frühere Fassung)
—	—
DR	—
—	Buchenblätter, Neue Folge, 1. Jahrgang, Czernowitz 1932
—	—
DR	—
GG	—
MV	—
—	Neue Literatur Nr. 4, Bukarest 1981
ES	—
NR	—
OV	Sassafras-Blätter Nr. 11, Sassafras-Verlag, Krefeld 1974
MV	—
—	—
MV	—
DT	—
NR	—
BS	—
ES	—
E	—
OV	—
DT	—
AZ	—
GG	—
GG	—
ES	—
—	—
E	—
OV	Sassafras-Blätter Nr. 11, Sassafras-Verlag, Krefeld 1974
SS	—
IS	—
AZ	—
ES	—

Nr.	Titel	Bd.	Seite
120	Auf dem Gipfel	1	90
121	Auf dem Kahn / gleiten	7	325
122	Auf den Besuch von Peter Huchel	5	123
123	Auf den Eisfenstern / blühten die Blumen	7	294
124	Auf / den Schalen / meiner Kummerwaage	7	375
125	Auf der Flucht	7	180
126	Auf der Flucht / übernachten	7	368
127	Auf der Lauer I (Es wäre Zeit / ade zu sagen)	5	226
128	Auf der Lauer II (Nimm mit / ein paar Sonnenstrahlen)	5	239
129	Auf der Sichel / reite ich	7	370
130	Auf einen Monolog von Thomas Bernhard	6	277
131	Auf einer Insel	6	116
132	Auf Erden	6	174
133	Auferstanden I (Wir / auferstanden / aus dem Nichts)	4	105
134	Auferstanden II (Auferstanden im Regen / die Toten)	6	310
135	Auferstandener Sohn	2	206
136	Auferstehung	6	319
137	Aufgenommen	5	234
138	Aufgeschoben	6	271
139	Auf Himmelsstufen	1	81
140	Auf Krücken	2	223
141	Auf linden Flügeln	1	170
142	Auf mitternächtlicher Au	1	271
143	Auftrag	4	116
144	Auf Wiedersehn I (Ade / sagt heute keiner mehr)	5	124
145	Auf Wiedersehn II (Sag mir Freund)	6	65
146	Auf Wiedersehn III (Ade sagen / mit dem Wort winken)	6	223
147	Augen I (Augen / -Lichtlippen-)	2	164
148	Augen II (Augen traf ich / von ungefähr)	7	257
149	Augenblickslicht	4	59
150	Augen hören	8	180
151	August in Baltschik	4	131
152	Auktionen	5	16
153	Aus dem / Halbmond / strömt Nebelnacht	7	350
154	Aus dem Lichtquell / eines großen Augenblicks	7	109
155	Aus dem Süden	1	272
156	Aus der Sonne / fallen Bienen	7	280
157	Aus Erz	1	227
158	Aus einem heißen Schlaf / bin ich erwacht	7	127
159	Aus fernen Welten / fallen Worte	7	288
160	Ausgangspunkt	7	214

DV	EV
DR	—
S	—
M	—
S	Jahresring 85/86, dva, Stuttgart 1985
S	—
DT	—
S	—
ES	—
ES	—
S	—
MV	—
MA	—
MA	—
GG	—
MV	—
—	—
MV	—
ES	—
MV	-
DR	—
AZ	Sie schreiben zwischen Goch und Bonn, P. Hammer-Verlag, W'tal '75
—	—
—	—
NR	—
M	Literatur und Kritik Nr. 127/7, Otto-Müller-Verlag, Salzburg '78
—	Jahresring 81/82, dva, Stuttgart 1981
MV	—
—	—
DT	—
GG	—
—	—
NR	ensemble 7, dtv, München 1976
—	Akzente, Hanser-Verlag, München 1977
MA	Jahresring 80/81, dva, Stuttgart 1980
IZ	Die ZEIT Nr. 41, Hamburg 7. 10. 1983
—	—
IS	Festtag in Manhattan, Pfaffenweiler Presse, Pfaffenweiler 1985
—	—
IZ	—
IS	Festtag in Manhattan, Pfaffenweiler Presse, Pfaffenweiler 1985
DT	—

Nr.	Titel	Bd.	Seite
161	Ausgewiesener Mond	6	284
162	Ausgleich	8	127
163	Aus Luft und Liebe	6	163
164	Austausch	3	248
165	Außen bist Du	1	20
166	Autobiographie in Flüssen	3	15
167	Avignon	4	78
168	Bachfuge	4	45
169	Bäume	4	153
170	Bahnfahrt	5	35
171	Bald / Kommt die Freundin	7	126
172	Bald I (Bald ist dein Herz vertan)	1	88
173	Bald II (Ich schlage die Zeit tot)	4	137
174	Ballspieler	6	243
175	Bangigkeit	1	215
176	Bankfabrik	1	21
177	Battery Park	2	256
178	Bauen	6	32
179	Baufälliges Haus	4	186
180	Baukasten	7	256
181	Baum	6	206
182	Beendet	5	242
183	Befehl	4	17
184	Begleiter	4	181
185	Beichten	6	211
186	Bekenntnis	3	263
187	Bekenntnis II (Ich bekenne / zu dir)	8	89
188	Bergbesteigung	6	46
189	Berge	6	366
190	Berglandschaft	6	303
191	Bergpartie	1	217
192	Bergpredigt	6	335
193	Besuch	7	34
194	Betrübnis	5	241
195	Beute	5	272
196	Bewohnbar	6	178
197	Bilanz	7	178
198	Bilder	2	208
199	Bildhauer	5	275
200	Biographische Notiz	4	212
201	Bis I (hast du endlich erlernt deine Rolle)	2	213

OV	EV
MV	—
—	—
MA	Jahresring 80/81, dva, Stuttgart 1980
AZ	—
—	Der Tag, Czernowitz 10. 7. 1932
—	WDR I Köln, 22. 7. 1966
GG	—
GG	—
NR	—
D	—
IZ	—
DR	—
NR	—
MV	—
—	—
—	—
BS	—
E	—
NR	—
DT	—
ED	—
ES	—
GG	—
NR	—
ED	—
AZ	—
—	—
E	—
S	—
MV	—
—	—
MV	—
SS	—
ES	Jahrbuch für Lyrik 1, Athenäum Verlag, Königstein/Ts 1979
ES	—
MA	—
DT	—
—	—
ES	—
NR	German-American Studies No. 1, Youngtown, Ohio 1970 (Früh. Fass.)
BS	—

Nr.	Titel	Bd.	Seit
202	Bis II (Dies Blumenbeet / bunt wie das Leben)	6	37
203	Bis an den Nagelmond	3	36
204	Bist du nicht	5	125
205	Bitte I (Wahrheit / sag mir die Wahrheit)	4	29
206	Bitte II (Verschweig uns / nicht)	4	100
207	Blatt I (Den Winter durchwartet)	3	64
208	Blatt II / Handgrün mit hellen / Adern)	5	36
209	Blau	5	14
210	Blaßblaue Tage I (Blaßblaue Tage halten die Herzen so milde)	1	221
211	Blaßblaue Tage II (Goldene Schleier liegen auf deinen Wangen)	1	222
212	Bleib / deinem Wort / treu	7	87
213	Bleiben	6	318
214	Blind	3	204
215	Blinde Erinnerung	5	276
216	Blinde Gesten	4	34
217	Blindlings	8	103
218	Blinder Sommer	2	187
219	Blumen	8	35
220	Blumenklage	1	187
221	Blumenvogel	8	174
222	Bluten	4	147
223	Blutsverwandt	8	19
224	Brennpunkt	6	227
225	Briefe I (Ich bin eine Weltreise / aus Briefen)	5	273
226	Briefe II (Jeden Tag / kommt der Briefträger)	6	199
227	Briefe III (Brief aus Rosen)	7	254
228	Briefe IV (Ich lebe in einem Raum)	8	172
229	Bring mich zurück	4	31
230	Bruchteil	3	146
231	Bruder	6	186
232	Bruder im Exil	6	186
233	Bruder Vogel	2	242
234	Brücken	6	292
235	Brüder	6	276
236	Buch	6	230
237	Buchenblatt	6	115
238	Buchmesse	8	187
239	Bukowina I (Tannenberge Grüne Geister:)	2	21
240	Bukowina II (Landschaft die mich / erfand)	4	72

OV	EV
E	Jahrbuch für Lyrik 1, Athenäum Verlag, Königstein/Ts 1979
G	Keine Zeit für die Liebe, Limes Verlag, Wiesbaden 1964
M	Literatur und Kritik Nr. 126/7, Otto-Müller-Verlag, Salzburg '78
GG	—
GG	—
G	Radio Bremen, 16. 3. 1966
D	—
—	Es ist alles anders. Pfaffenweiler Presse, Pfaffenweiler 1977
—	—
—	—
IZ	—
MV	—
AZ	—
ES	—
GG	—
—	—
BS	—
—	—
—	50 lyr. Ged., o. J., o. O., Freigabestempel der russ. Zensur 1945
—	—
NR	—
—	—
MV	—
ES	—
ED	Nacht, Pfaffenweiler Presse, Pfaffenweiler 1981
DT	—
—	—
GG	—
OV	Rheinische Post, Düsseldorf 30. 3. 1974
MA	Jahresring 80/81, dva, Stuttgart 1980
BS	—
ES	—
MV	—
MV	—
MV	—
MA	—
—	—
—	—
GG	—

Nr.	Titel	Bd.	Seite
241	Bukowina III (Grüne Mutter / Bukowina)	4	130
242	Bukowina IV (Grüner Walddiamant)	6	347
243	Central Park im August	6	351
244	Cezanne	3	52
245	Cezanne im Central Park	2	165
246	Chagall	4	44
247	Chagallisch	6	141
248	Chance	6	224
249	Chinatown	2	249
250	Choreographie	5	34
251	Computer-Lyrik	2	209
252	Constantin-Brunner	1	191
253	Credo	7	12
254	Czernowitz I (Gestufte Stadt / im grünen Reifrock)	2	16
255	Czernowitz II (Silberne Pruthsprache / Brechen Weidengespräche)	6	346
256	Czernowitz, Heine und die Folgen (Prosa)	3	289
257	Czernowitz vor dem Zweiten Weltkrieg	6	348
258	Daheim	6	27
259	Dahin	5	303
260	Damit	6	315
261	Damit kein Licht uns liebe	2	332
262	Dankbar	8	30
263	Dann	7	17
264	Daran	4	121
265	Das Alter	2	112
266	Das Auge I (Es staunt der Fels, der ragt vor seiner Sicht)	1	97
267	Das Auge II (Ein Zartoval, zwei Kreise, feuchter Glanz)	1	280
268	Das Auge III (Schmelz der Regenbogenhaut)	3	147
269	Das Bleibende	4	180
270	Das dividierte Gesicht	2	236
271	Das Dorf Sonntag	2	316
272	Das Eine	5	172
273	Das Einmaleins	2	280
274	Das Ende	4	27
275	Das Erbe I (Wo / in der österreichlosen Zeit)	3	224
276	Das Erbe II (Es ist an der Zeit / das Erbe zu verteilen)	7	26
277	Das erste Erbe	2	296
278	Das Fest	3	32

OV	EV
NR	—
S	—
S	—
G	—
—	—
GG	—
MA	—
MV	—
BS	—
D	—
—	—
—	Constantin-Brunner-Heft, 2. Folge Tel Aviv (?) 1947
—	Die ZEIT Nr. 30, Hamburg 22. 7. 1983
—	Die Stimme Tel Aviv, Ostern 1963
S	—
S	—
—	Geständnisse, Droste Verlag, Düsseldorf 1972
E	—
ES	—
MV	—
BS	Der Aufbau, New York 18. 10. 1957
—	—
SS	—
NR	—
—	—
DR	—
—	—
OV	Rheinische Post, Düsseldorf 12. 1. 1974
NR	Rheinische Post, Düsseldorf 10. 1. 1976
BS	—
BS	—
ES	—
BS	—
GG	—
AZ	Literatur und Kritik Nr. 86/87, Otto-Müller-Verlag, Salzburg '74
SS	—
BS	—
G	WDR I, Köln 22. 7. 1966

Nr.	Titel	Bd.	Seit
279	Das Gleiche	3	173
280	Das Glück	6	304
281	Das große Spiel	1	153
282	Das Karussell	2	251
283	Das Lächeln	5	308
284	Das laufende Band	1	22
285	Das Leben braust	1	113
286	Das Leben entflieht	1	212
287	Das Licht	3	85
288	Das Lied der Sommerzeit	1	242
289	Das Loch	8	13
290	Das Märchen vom goldnen Buch	6	234
291	Das Mosaik	2	211
292	Das Netz	4	154
293	Das Ohr	4	46
294	Das Parfum	2	169
295	Das plötzliche Land	2	267
296	Das Reh im Wald / ist meine Schwester	7	113
297	Das Schönste	5	21
298	Das Signal	2	241
299	Das Spital	2	284
300	Das Stäubchen	4	151
301	Das Tier mit den goldnen Gedärmen	2	97
302	Das / Traumkrokodil / komm wieder	7	337
303	Das Treffen	1	273
304	Das Unbekannte	8	74
305	Das Unersättliche	8	80
306	Das unhörbare Herz	2	263
307	Das Vergangene	6	84
308	Das Verschwiegene	8	185
309	Das vollendete Gedicht	1	228
310	Daß jeder teilhabe	1	276
311	Daß sie schmelze	6	324
312	Das Weiß einer Säule / aus dem weißen Athen	7	282
313	Das Weißeste	5	97
314	Das Wetter	6	276
315	Das Wort I (Am Anfang / war das Wort)	6	140
316	Das Wort II (Es klopft nicht an die Tür)	7	253
317	Das Wunder wartet	6	13
318	Das Zeichen	6	136
319	Das Ziel	3	257

OV	EV
OV	—
MV	—
—	—
BS	—
ES	—
—	Der Tag, Czernowitz 19. 6. 1932
DR	—
—	—
—	Der Aufbau, New York 18. 12. 1970
—	—
—	—
MV	—
—	—
NR	—
GG	—
—	—
BS	—
IZ	—
D	Südostdeutsche Vierteljahresblätter Nr. 3, München 1977
BS	—
BS	Der Aufbau, New York 31. 5. 1957 (Frühere Fassung)
NR	—
—	—
IS	—
—	—
—	—
—	—
BS	—
MA	—
—	—
—	—
—	—
MV	—
IS	Festtag in Manhattan, Pfaffenweiler Presse, Pfaffenweiler 1985
M	—
BS	—
MA	—
DT	—
E	—
MA	—
AZ	—

Nr.	Titel	Bd.	Seite
320	Da werden unsre Herzen klein	1	86
321	Da wohne ich	7	177
322	Dazwischen	8	209
323	Dehnen	5	305
324	Dein Eigentum I (Atem holen / aus die / Erde)	7	175
325	Dein Eigentum II (Das fremde Leben / dein eigenes Reich)	7	176
326	Dein erstes Wort	1	143
327	Deine Farbe	5	277
328	Deine Heimatstadt	6	383
329	Deine geatmete Welt	2	213
330	Dein Haus	3	234
331	Dein Herz / ist echt	7	108
332	Dein Körper	3	148
333	Dein Wesen zu erhöhen	1	229
334	Dem Meer zu	6	31
335	Denn	6	173
336	Dennoch	6	237
337	Dennoch Rosen / sommerhoch	7	261
338	Dennoch vereint	7	174
339	Den Weg finden	5	174
340	Der Acker meines Herzens	1	144
341	Der alles weiß	1	151
342	Der Atem	1	236
343	Der Auferstandene / küßt	7	286
344	Der Ball	8	116
345	Der Baum	6	280
346	Der Bergwald	1	237
347	Der Bildhauer	1	103
348	Der Blinde	4	169
349	Der blinde Gott	1	220
350	Der Briefträger	2	95
351	Der Brunnen I (Der Brunnen wartet die Kühle ist bereit)	2	93
352	Der Brunnen II (Im verbrannten Hof / steht noch der Brunnen)	3	235
353	Der Brunnen III (Ich komme zurück / zum Brunnen)	6	329
354	Der Bus	2	122
355	Der Dämon der Stadt	1	19
356	Der Dichter	7	13
357	Der Dom	2	214

OV	EV
DR	—
DT	—
—	—
ES	—
DT	—
DT	—
DR	Klingsor VIII. Jg., Nr. 10, Kronstadt 1931
ES	—
S	—
—	—
AZ	Sie schreiben zwischen Goch und Bonn, P. Hammer-Verlag, W'tal '75
IZ	—
OV	—
—	—
E	—
MA	—
MV	—
IS	—
ES	—
ES	—
DR	—
—	—
—	—
IS	Festtag in Manhattan, Pfaffenweiler Presse, Pfaffenweiler 1985
—	—
MV	—
—	—
DR	—
NR	—
—	—
—	—
—	—
AZ	—
MV	—
—	—
—	—
—	Erster Alamanach 1974–1984, Pfaffenweiler Presse, Pf'weiler 1983
—	—

Nr.	Titel	Bd.	Seite
358	Der Dornbusch	5	40
359	Der düstre Glanz	1	241
360	Der einfache Tag	2	260
361	Der Engel in dir	5	306
362	Der Erde zu	1	120
363	Der Falter	5	37
364	Der Feierabend	1	23
365	Der Feuerfisch	2	297
366	Der Fleißige	1	56
367	Der Fluch I (Gefährte aus dem Kolibriland)	1	305
368	Der Fluch II (Prosa: Ein Sonntag im Juni)	3	267
369	Der Flügelteppich	2	313
370	Der Friedhof	1	300
371	Der Garten	7	29
372	Der Gipfel	8	75
373	Der Gobelin	3	69
374	Der goldene Berg	6	226
375	Der Graue	2	172
376	Der Himmel I (Er hat seine Masken abgelegt)	4	51
377	Der Himmel II (Meine Mutter / schenkte mir die Erde)	6	314
378	Der Hudson	6	352
379	Der Kahn	5	116
380	Der Karpatenriese	2	330
381	Der Kuckuck zaubert	2	289
382	Der letzte Vollmond	2	92
383	Der Löwenzahn	2	218
384	Der Mensch	6	334
385	Der Mohn ist noch nicht rot	2	88
386	Der Moment	2	281
387	Der Mond I (Der Mond / eingeschlummert im)	2	219
388	Der Mond II (Ehernes Gesetz / abgeblättert)	7	217
389	Der Morgen	7	24
390	Der Nabel	5	179
391	Der nächste April	2	301
392	Der Name	2	175
393	Der / Nordwind / umarmt meine / Angst	7	358
394	Der Pfad war verwachsen	2	87
395	Der Pfau	1	290
396	Der Regen / klopft / an meine Tür	7	125
397	Der Ring	8	225
398	Der Ritt	1	77

)V	EV
)	—
—	—
3S	—
ES	—
)R	—
)	—
—	Der Tag, Czernowitz 14. 8. 1932
3S	—
—	Der Tag, Czernowitz 1932
—	—
—	WDR, Köln 27. 3. 1967
3S	—
—	—
SS	—
—	—
G	Quadrat, Göhringer Verlag, Duisburg 1966
MV	—
—	—
GG	—
MV	—
S	—
M	—
BS	—
BS	—
—	—
—	—
MV	—
—	—
BS	—
—	—
DT	—
SS	—
ES	—
BS	—
—	—
IS	—
—	—
—	—
IZ	—
—	—
DR	—

Nr.	Titel	Bd.	Seite
399	Der Schatten	2	83
400	Der Schlüssel	3	209
401	Der Seher	6	283
402	Der sie von innen her kennt	2	82
403	Der Sommer / feiert Geburtstag	7	340
404	Der sterbende Poet	2	30
405	Der Tag	6	323
406	Der unbekannte Soldat	8	122
407	Der unheimliche Fremde	2	78
408	Der Unmündige	1	231
409	Der Ur-Baum	2	58
410	Der Vater	2	318
411	Der Vogel	5	252
412	Der Waldberg	1	214
413	Der Wanderer	1	205
414	Der Weg	7	157
415	Der Wind	1	282
416	Der Zeiger macht einen Schritt	2	176
417	Des Dichters Brauch	1	243
418	Des Geliebten Nächte	1	130
419	Des Kaisers	2	149
420	Detail aus dem Totentanz	4	170
421	Deutlich leuchten / die Augen der Nacht	7	86
422	Dezember	2	148
423	Dialog	6	68
424	Dialoge	4	127
425	Dich lieben, Lieb	1	41
426	Dichten	3	203
427	Dichterbildnis Elieser Steinbarg	1	104
428	Dichterbildnis Itzig Manger	1	105
429	Dichtung	8	179
430	Die alte Muhme	1	55
431	Die Amsel	5	220
432	Die Angeklagten	6	236
433	Die Antwort	1	230
434	Die Architekten	4	66
435	Die Auferstandenen	6	81
436	Die Bäume	8	25
437	Die Bäume binden	1	139
438	Die Blinde	8	193
439	Die Blinden sehen	6	36

DV	EV
—	—
AZ	—
MV	—
—	—
S	—
—	
MV	—
—	—
—	—
—	—
—	—
BS	—
ES	—
—	—
—	—
DT	—
—	—
—	—
—	—
DR	Klingsor X Jg., Nr. 4, Kronstadt 1933
—	—
NR	—
IZ	—
—	—
—	Jahrbuch für Lyrik 3, Athenäum, Königstein/Ts 1981
NR	—
—	—
AZ	ZEIT Magazin Nr. 42, Hamburg 1974
DR	Der Tag, Czernowitz 10. 4. 1932
DR	Czernowitzer Allgemeine Zeitung, 1933
—	—
—	Vermutlich: Czernowitzer Allgemeine Zeitung, Czernowitz 1932
ES	—
MV	—
—	—
GG	Jahrgang 75/76, dva, Stuttgart 1975
MA	—
—	—
DR	—
—	—
E	—

Nr.	Titel	Bd.	Seite
440	Die Botschaft	5	77
441	Die Brunnen	1	244
442	Diebstahl (Kurzprosa)	3	182
443	Die Bucklige	1	54
444	Die bunte Rosette / von Chartres	7	85
445	Die Dolomiten	6	365
446	Die Entkleidete	6	26
447	Die Erde / gibt mir	7	84
448	Die Erde flach	6	103
449	Die Erste	4	83
450	Die ersten Takte	2	85
451	Die festliche Stunde	1	121
452	Die Finsternis wächst	7	263
453	Die Fliege	2	77
454	Die Flocken flogen	1	137
455	Die Formel	5	240
456	Die Fremden	2	243
457	Die Gefährten	3	217
458	Die Gefahr	3	230
459	Die gelbe Maske	2	75
460	Die Glocken horchen	2	29
461	Die Götter	5	47
462	Die Hand	8	94
463	Die Harfe / ist mein Instrument	7	107
464	Die Himmelsdinge lieben	2	72
465	Die Hoch-Zeit	2	71
466	Die Insel	2	279
467	Die Insel schwimmt / an meine Brust	7	106
468	Die Kamee	2	69
469	Die Kugel	5	56
470	Die Lawine	5	39
471	Die Märchen	6	102
472	Die Maus / hat ihre / Federn verloren	7	317
473	Die Menschen	6	190
474	Die Minuten	3	13
475	Die Muschelblume	1	233
476	Die Musik ist zerbrochen	2	28
477	Die Mutter	1	299
478	Die nach Osten träumen	2	27
479	Die Nacht I (Die Nacht)	8	36
480	Die Nacht II (Die Nacht lehnt an)	8	220

)V	EV
)	—
—	—
)V	Jahresring 72/73, dva, Stuttgart 1972
—	Der Tag, Czernowitz 24. 7. 1932
Z	—
S	—
E	—
IZ	Die ZEIT Nr. 41, Hamburg 7. 10. 1983
MA	—
GG	—
—	—
DR	—
IS	—
—	—
DR	—
ES	—
BS	—
AZ	Literatur und Kritik Nr. 86/87, Otto-Müller-Verlag, Salzburg '74
AZ	—
—	—
—	
D	—
—	—
IZ	—
—	—
—	—
BS	—
IZ	—
—	—
D	—
D	—
MA	Literatur und Kritik Nr. 142, Otto-Müller-Verlag, Salzburg '80
IS	—
MA	Jahresring 80/81, dva, Stuttgart 1980
—	Radio Bremen, 16. 3. 1966
—	—
—	—
—	—
—	—
—	—
—	—

Nr.	Titel	Bd.	Seit
481	Die Nacht beleben	7	173
482	Die Nacht hat	2	147
483	Die Nächsten	5	156
484	Dienen I (Ich diene / meinem Schmerz)	5	168
485	Dienen II (Ich habe Flügel und / viele Gestalten)	6	272
486	Die novembernen Menschen	2	65
487	Die Nymphen	2	86
488	Die Pappel	7	28
489	Die Quellen I (Trink nicht so hastig, sieh der Brunnen steht)	1	176
490	Die Quellen II (Die Quellen murmeln ferne)	1	245
491	Die Rose welkt	6	288
492	Die Schere	8	114
493	Die Schnecke	4	192
494	Die Schönheit	1	171
495	Die Schweiz	6	369
496	Diese alten Häuser	2	26
497	Diese Blume / ist augenschön	7	105
498	Die Sekunde	2	153
499	Die Sekunden	5	32
500	Die sieben Tulpen	2	33
501	Die Söhne	1	180
502	Die Sonne / Der Regenbogen	7	373
503	Die Sonne fällt	6	255
504	Die Spiegel	1	96
505	Die Spinne	8	109
506	Die Spitze	7	251
507	Die Spur	4	125
508	Die Sterne	5	71
509	Die Stille	2	176
510	Die Stirne	4	126
511	Die stolze / große / grellgeputzte Stadt	1	24
512	Die Stunde nach	1	27
513	Die Tage des Schweigens / sind noch nicht vorbei	7	293
514	Die Tauben	2	199
515	Die Tür	2	265
516	Die Uhr	3	101
517	Die Vermittlung	1	248
518	Die Verschollenen	1	158
519	Die vorletzte Andacht	2	63
520	Die Welt	3	115

DV	EV
DT	—
—	—
M	Wer ist mein Nächster?, Herder, Freiburg 1977
ES	—
MV	—
—	—
—	—
SS	—
—	—
—	—
MV	Doch die Rose ist mehr, Bundes-Verlag, Witten 1982
—	—
NR	—
—	Neue Literatur Nr. 4, Bukarest 1981
S	—
—	—
IZ	Die ZEIT Nr. 41, Hamburg 7. 10. 1983
—	—
D	—
—	—
—	—
IS	—
MV	—
DR	—
—	—
DT	—
NR	—
D	—
—	—
NR	—
—	—
—	Der Tag, Czernowitz 7. 8. 1932
IS	—
—	—
BS	—
I	—
—	—
—	Neue Literatur Nr. 4, Bukarest 1981
—	—
—	Rheinische Post, Düsseldorf 24. 2. 1973

Nr.	Titel	Bd.	Seit
521	Die Zeit I (Wird kommen die Zeit)	4	208
522	Die Zeit II (Die Zeit / ist mein Freund)	6	22
523	Die Zeit III (Mit zahllosen Händen / greift die Zeit)	7	38
524	Die Zelle	6	189
525	Die Zigarette	2	13
526	Diogenes	6	300
527	Don Quichotte I (Ich liebe meinen Ritter der mir Mühlen kämpft)	2	25
528	Don Quichotte II (Ich Dulcinea / ware auf meinen Ritter)	6	201
529	Doppelleben (Prosa)	4	227
530	Doppelspiel	6	25
531	Doppelt	3	467
532	Dorf in der Bukowina	2	327
533	Dorn	8	168
534	Dornen	7	218
535	Drehen	5	126
536	Drei	8	111
537	Drei Buchstaben	3	159
538	Dreizehn Knospen	6	202
539	Droste I (Gedenk der Locken)	6	132
540	Droste II (Die Burg)	8	20
541	Du	5	279
542	Du bist / unwiderstehlich	7	83
543	Du bist die Stimme	5	148
544	Du bist ein Rätsel	1	116
545	Du bist es	6	248
546	Du bist frei	5	13
547	Du brauchst die Priesterin	1	293
548	Du erfährst	6	374
549	Du freust dich	6	109
550	Du herrliches / Paris	7	82
551	Du legst dein Licht	1	109
552	Du merkst nicht	5	61
553	Du reichtest mir	1	111
554	Du reifst in mir	1	132
555	Du suchst dich	5	294
556	Du und dein Bild	2	114
557	Du und ich	5	33
558	Du vergißt	5	127
559	Du wanderst / in der schwarzen Stadt	7	104

OV	EV
NR	—
E	—
SS	—
MA	—
—	Der Aufbau, New York 26. 7. 1957
MV	—
—	—
ED	—
—	Düsseldorfer Hefte Nr. 22, Triltsch-Verlag, Düsseldorf 1976
D	—
G	—
BS	—
—	—
DT	—
M	—
—	—
OV	Akzente Nr. 3, Hanser-Verlag, München 1074
ED	—
MA	Neue Rundschau Nr. 4, S. Fischer-Verlag, Frankfurt 1980
—	—
ES	German-American-Studies, Vol. II, No. 2, Youngstown, Ohio 1970
IZ	—
M	—
DR	—
MV	Doch die Rose ist mehr, Bundes-Verlag, Witten 1982
—	Es ist alles anders, Pfaffenweiler Presse, Pfaffenweiler 1977
—	—
S	—
MA	—
IZ	—
DR	—
D	—
DR	—
DR	—
Es	Akzente Nr. 2, Hanser Verlag, München 1979
—	—
D	—
M	—
IZ	Die ZEIT Nr. 41, Hamburg 7. 10. 1983

Nr.	Titel	Bd.	Seite
560	Du warst / kein Versprechen	7	268
561	Du warst so fern	1	112
562	Du weißt	5	173
563	Dulcinea	6	332
564	Dunkle Legende / von Blut zu Blut	7	377
565	Durch die Zeit	5	304
566	Durch ein / Sternenfeld / schreiten	7	378
567	Durchsichtig	8	107
568	Ebenbild	3	120
569	E. E. Cummings	2	359
570	Eidechse	6	298
571	Ein Bißchen	5	128
572	Ein böses Zeichen	1	162
573	Ein Echo	1	249
574	Eine kleine Nachtmusik	8	31
575	Eine Linie	6	80
576	Eine neue Welt	1	179
577	Eine spurlose Hand	2	135
578	Eine Stunde Vergessen	5	213
579	Eine Weile	1	87
580	Einen Augenblick	6	101
581	Einen Drachen reiten	6	195
582	Einer den andern	3	99
583	Eingeritzt	5	129
584	Eingeschneit	5	302
585	Ein Grünmitdirsein	2	64
586	Ein Hauch	1	65
587	Einheitsstaub	3	166
588	100 Fahrenheit	2	254
589	Ein Lächeln	1	172
590	Einladung	4	43
591	Ein Lied / erfinden	7	103
592	Ein Märchen I (Ein Mensch wandert)	5	65
593	Ein Märchen II (Im Pruth hüpfen die)	8	204
594	Einsame Weihnachten	1	295
595	Einsamkeit I (Die Poren saugen sie auf)	2	312
596	Einsamkeit II (Wahrgeworden / Die Weissagung)	4	93
597	Einsamkeit III (In allen Ländern / hausen Barbaren)	6	172
598	Einsicht	6	290
599	Ein Stück weiter	5	290
600	Ein Tag eine Nacht	2	310

OV	EV
LS	—
OS	—
ES	VS Vertraulich, Bd. II, Goldmann, München 1978
MV	—
IS	—
ES	—
IS	—
—	—
GG	Literatur und Kritik Nr. 86/87, Otto-Müller-Verlag, Salzburg '74
BS	—
MV	—
M	—
—	—
—	—
—	—
MA	—
—	—
—	—
ES	—
DR	—
MA	—
ES	—
I	—
M	—
ES	—
—	—
DR	—
OV	—
BS	—
—	—
GG	—
IZ	Die ZEIT Nr. 41, Hamburg 7. 10. 1983
D	—
—	—
—	—
BS	—
GG	—
MA	—
MV	—
ES	Akzente Nr. 1/2, Hanser-Verlag, München 1979
—	—

Nr.	Titel	Bd.	Seite
601	Ein Tag im Exil	3	30
602	Eintreten / in das Doppelgesicht	7	172
603	Einverleibt	7	172
604	Einverständnis I (mit Tausendworten)	5	83
605	Einverständnis II (Die Rose und ich)	6	30
606	Einverständnis III (Auf dem Gipfel trat)	6	221
607	Einverstanden I (Ich bin / mit allem einverstanden)	5	52
608	Einverstanden II (Mein Freund und ich)	7	67
609	Ein Zeichen	5	131
610	Einzug	3	216
611	Elektrisches Lächeln	2	237
612	Eliblau	1	270
613	Else Lasker-Schüler I (Ihrem langen Atem)	4	40
614	Else Lasker-Schüler II (Im Morgenland)	5	44
615	Emanuel Romano	6	144
616	Empire State Building	2	187
617	Ende der Weisheit	6	299
618	Entfernt	6	287
619	Entfremdung	3	41
620	Entrissenes Herz	1	124
621	Entwurzelt	2	336
622	Epoche	6	29
623	Erbarme dich / Herr / meiner Leere	7	70
624	Erdbeben in Bukarest	6	349
625	Erde I (Ich bin im Zimmer)	3	254
626	Erde II (Grüne Kugel / schwarze Kugel)	6	377
627	Erdverwurzelt	7	32
628	Erfahrung I (Mit der Schnecke im Schritt)	2	117
629	Erfahrung II (Erfahrung sammeln)	4	19
630	Erfahrung III (Morariusgasse / hier wohnen wir)	5	292
631	Erfinden	6	327
632	Erfindung	5	175
633	Erhöre meine Bitte / Herr	7	101
634	Erinnerung	6	257
635	Erinnerung an Frau M.	8	105
636	Erinnerungen	6	79
637	Erkenntnis	3	174
638	Erkranktes Feuer	2	60
639	Erlaubnis	5	291
640	Erschaffen	4	171
641	Erscheine / Kern der Wahrheit	7	100

OV	EV
G	—
IZ	—
DT	—
D	—
E	—
MV	—
D	—
IZ	—
M	Es ist alles anders, Pfaffenweiler Presse, Pfaffenweiler 1977
AZ	neues rheinland Nr. 12, Rheinland-Verlag, Düsseldorf 1968
BS	—
—	—
GG	—
D	—
MA	—
—	—
MV	—
MV	—
G	—
DR	—
BS	—
E	—
IZ	Die ZEIT Nr. 41, Hamburg 7. 10. 1983
S	—
AZ	—
S	—
SS	—
—	—
GG	—
ES	—
MV	—
ES	—
IZ	Die ZEIT Nr. 41, Hamburg 7. 10. 1983
MV	—
—	—
MA	—
OV	—
—	—
ES	—
NR	—
NR	—

Nr.	Titel	Bd.	Seite
642	Erstgeburt	8	14
643	Erwachen I (Aus zerrütteten Träumen)	3	124
644	Erwachen II (Ich erwache)	5	131
645	Erwartung I (An unserer Stirn / wetzt der Wind)	5	293
646	Erwartung II (Mit einem Winterwort)	6	330
647	Erwartung und Wandlung	2	274
648	Erzähl mir	6	74
649	Es bleibt noch	4	111
650	Es flog ein Blütenblatt	1	159
651	Es harren die Lieder	1	83
652	Es heißt	6	40
653	Es ist wahr	6	96
654	Es regnet	3	137
655	Es schneit	1	70
656	Es war einmal I (Als ich / Mutter sang)	6	20
657	Es war einmal II (Es war einmal ein Märchenerzähler)	6	258
658	Es war einmal III (Ausgestorbene Wesen / Engel)	7	35
659	Es war einmal IV (Es war einmal / ein Ganzes)	7	219
660	Es wendet sich das Spiel	1	182
661	Es wird dafür gesorgt	8	81
662	Etüden	3	172
663	Eulenzeit	4	96
664	Eva	1	234
665	Evalose Zeit	2	278
666	Ewigewig Sommer	2	136
667	Existenz	5	189
668	Färben I (Ich schneide grün die Bäume)	6	14
669	Färben II (Trommelfeuer weckte)	6	39
670	Falle	7	220
671	Fallen	3	65
672	Fanatisch	8	95
673	Farben I (Ich werde nicht müde)	3	89
674	Farben II (Wieder runden sich die Rosen)	5	295
675	Fast	4	53
676	Fastnacht	6	308
677	Februar	6	245
678	Federn	4	211
679	Feiern	8	181
680	Feiertage	7	37
681	Ferngespräch	3	206
682	Festnächte	6	338

OV	EV
—	—
OV	—
M	—
ES	—
MV	—
BS	—
MA	—
GG	—
—	—
DR	—
E	—
MA	—
OV	—
DR	—
E	—
MV	—
SS	—
DT	—
—	—
—	—
OV	—
GG	—
—	—
BS	—
—	—
ES	—
E	—
E	—
DT	—
G	—
—	—
—	Rheinische Post, Düsseldorf 28. 6. 1969
ES	—
GG	—
MV	—
MV	—
NR	Jahresring 75/76, dva, Stuttgart 1975
—	—
SS	—
AZ	Rheinische Post, Düsseldorf 15. 4. 1967
MV	—

Nr.	Titel	Bd.	Seite
683	Festtag in Manhattan	6	353
684	Feuerzeichen	6	180
685	Fieber I (So stiegen Flut und Angst)	4	176
686	Fieber II (Mit allen Worten)	4	62
687	Figur von Picasso	2	294
688	Finden I (Suche finde das Wort)	4	21
689	Finden II (Mit allen Worten)	5	17
690	Finden III (Ich finde / was ich nicht suchte)	7	30
691	Finden IV (Tiefe Trauer / helle Freude)	7	221
692	Fischzug	4	177
693	Fliegen (Kurzprosa)	4	11
694	Fliehend	6	15
695	Florenz / wunderbare Stadt	7	131
696	Flucht I (Luft / die flüchtende)	5	296
697	Flucht II (Flucht / zur Schlaraffenwiese)	8	218
698	Flucht der Jahreszeiten	8	26
699	Flüchtiger Frühling	3	63
700	Flugsand / die Stadt steht / im Blitz	7	374
701	Flugwort	5	243
702	Fontäne	8	37
703	Fortschritt I (Kurzprosa: Ich wohne im ersten Stockwerk)	3	187
704	Fortschritt II (Wörter / vom Computer verschlungen)	7	46
705	Fortsetzung	7	18
706	Frage	7	171
707	Fragebogen	3	229
708	Fragen	5	225
709	Fragezeichen	5	132
710	Frei wollen Dinge	1	251
711	Freiheit	6	331
712	Fremde I (Sterne / im Andrang des Dunkels)	2	188
713	Fremde II (Unser Schiff / ohne Fahne)	3	33
714	Fremder	7	216
715	Fremdwort	3	161
716	Freude I (Wenn ich mich freue)	5	271
717	Freude II (Gefieder / durchsichtig)	7	223
718	Freund / du warst / ein Irrtum	7	312
719	Freundschaft / mit dem / Mondmann	7	291
720	Freundschaft / mit der / Mondin	7	333
721	Friedhof	5	59
722	Frieren	6	305

OV	EV
S	—
MA	—
NR	—
GG	—
BS	—
GG	—
—	Südostdeutsche Vierteljahresblätter Nr. 3, München 1977
SS	—
DT	—
NR	Rheinische Post, Düsseldorf 21. 5. 67
GG	—
E	—
IZ	—
ES	—
—	—
—	—
G	—
IS	—
ES	—
—	—
OV	—
SS	Paradiese in unseren Köpfen, Arena Verlag, Würzburg 1983
SS	—
DT	—
AZ	—
ES	—
M	Rheinische Post, Düsseldorf 11. 9. 1971
—	—
MV	—
—	—
G	—
DT	—
OV	Jahresring 74/75, dva, Stuttgart 1974
ES	—
DT	—
IS	Neue Rundschau, 97. Jahrgang, Heft 1, S. Fischer, Frankfurt 1986
IS	Festtag in Manhattan, Pfaffenweiler Presse, Pfaffenweiler 1985
IS	—
E	—
MV	—

Nr.	Titel	Bd.	Seite
723	Frisch färben	7	224
724	Froschperspektive	2	139
725	Frost I (Im Siebenmeilenschlitten)	7	170
726	Frost II (Gefrorenes Feuer)	8	110
727	Frühling (Mit dem Akaziendurft)	6	16
728	Führ uns / aus der Arktis	7	366
729	Füllhorn	8	49
730	Fünf Dichter	4	38
731	Fünkchen Zeit	5	222
732	Für den Krieg	8	55
733	Für dich	8	192
734	Für P. A.	1	291
735	Furcht	6	171
736	Gäbe es	5	133
737	Ganz bleiben	5	94
738	Geadelt	2	221
739	Geburt	1	252
740	Geburtstag I (Der Geburtstag / wird immer schwerer)	6	260
741	Geburtstag II (Elf Maikäfer / haben mich geboren)	7	169
742	Geburtstag im Mai	6	48
743	Gedächtnis I (Wälder umgrünen / Berge besteigen)	4	20
744	Gedächtnis II (Steine / zählen deine Schritte)	7	189
745	Gedicht	7	27
746	Gedicht der Um- und Einkehr	1	59
747	Geduld	5	42
748	Gefangen	6	177
749	Gegen	8	129
750	Gegen den Strom	7	250
751	Geglückte Flucht	6	231
752	Geh auf	5	95
753	Geheimnis	5	212
754	Gehen	6	17
755	Gehorchen	5	161
756	Geisterweg	1	163
757	Geklärt	6	120
758	Gemeinsam I (Vergesset nicht / Freunde)	5	73
759	Gemeinsam II (Regen hat uns getauft)	6	282
760	Gemessen	5	206
761	Generationen	3	165
762	Genügsam	6	301

OV	EV
DT	—
—	—
DT	—
—	—
E	—
S	—
—	—
GG	—
ES	—
—	—
—	—
—	—
MA	—
M	Jahresring 77/78, dva, Stuttgart 1977
M	—
—	—
—	—
MV	—
DT	—
E	—
GG	—
DT	—
SS	—
—	Dieses Gedicht von H. Schaffer wurde irrtümlich R. Ausländer zugeordnet
D	—
MA	—
—	—
DT	—
MV	—
M	Akzente, Hanser-Verlag, München 1977
ES	—
E	—
—	Schnittlinien, Classen Verlag, Düsseldorf 1979
—	—
MA	—
D	—
MV	—
ES	—
OV	—
MV	—

Nr.	Titel	Bd.	Seite
763	Genug / Herz verschleudert	7	356
764	Georg Trakl	3	240
765	Gericht	3	124
766	Gertrude	6	328
767	Gesagt verschwiegen	5	314
768	Geschenk	6	150
769	Geschwister	8	215
770	Gespräch mit dem Wind	3	67
771	Gestern	3	125
772	Gestörte Idylle	1	255
773	Getröstet	4	149
774	Getroffen	6	33
775	Geweckt	7	33
776	Gewitter I (Ein Vesuv ist heut' der Himmel)	1	53
777	Gewitter II (Diese Windstille / vor dem Sturm)	5	205
778	Gewürfelt	6	179
779	Gib	7	19
780	Gib auf	7	380
781	Gib mir	5	45
782	Gib mir dein	1	131
783	Gib Kunde	8	210
784	Gilcos	3	243
785	Gipfel	6	170
786	Gläubiges Märchen	5	46
787	Glanz	4	119
788	Glaskugeln sind wir	1	235
789	Glasscherben	7	168
790	Glauben I (Wir beten zum Berg / um Glauben)	2	182
791	Glauben II (Ich glaube an die Wunder)	5	93
792	Gleichgewicht	7	186
793	Glocken	6	233
794	Glück I (Dem eine Stunde schlägt)	2	115
795	Glück II (Der Traum von Glück)	5	196
796	Glück III (Auf der Suche nach einem)	6	119
797	Glück kaufen	3	45
798	Godot	4	223
799	Gold	8	148
800	Goldgehäuse / aus Vogelruf und Spinnenweb	7	329
801	Goldne Tage	5	192
802	Goldrausch	4	75
803	Gott / Schöpfer aller Dinge	7	124

)V	EV
S	—
\Z	Literatur und Kritik Nr. 86/87, Otto-Müller-Verlag, Salzburg '74
)V	Lyrik aus dieser Zeit, Bechtle-Verlag, Esslingen 1967
MV	—
ES	—
MA	—
—	—
G	—
OV	—
—	—
NR	—
E	—
SS	—
—	Der Tag, Czernowitz 2. 7. 1932
ES	—
MA	—
SS	—
IS	—
D	—
DR	—
—	—
AZ	Engel der Geschichte 19/20, Claasen-Verlag, Düsseldorf 1973
MA	—
D	—
NR	—
—	—
DT	—
—	—
M	Neue Rundschau Nr. 4, S. Fischer, Frankfurt 1977
DT	—
MV	—
—	—
ES	—
MA	—
G	—
—	—
—	—
IS	—
ES	—
GG	—
IZ	—

Nr.	Titel	Bd.	Seite
804	Goyas schwarze Serie	3	169
805	Grammatischer Herbst	3	61
806	Gras I (Verwachsen / mit Junggras)	6	293
807	Gras II (Dein Zipfelchen Zeit / hängt)	7	20
808	Graues Haar	3	28
809	Greis und Mädchen	2	111
810	Große Gemeinde	5	169
811	Großgmain	7	47
812	Grün I (Wie ein Wild verfolgte ich das Grün)	2	57
813	Grün II (Den Wald im Arm)	6	222
814	Grüne Chiffre	8	221
815	Grüne Kräfte	7	167
816	Grüne braune Erde	6	108
817	Grün und Grün	8	175
818	Grundworte	5	27
819	Gruß und Lebewohl	5	155
820	Gut schlecht	5	195
821	Gute alte Zeit	4	196
822	Gute Legende	3	260
823	Guten Morgen	6	182
824	Hab / alle Gesetze / gebrochen	7	359
825	Hades	6	66
826	Häuser in Manhattans Slums	2	245
827	Halbgott	2	105
828	Halmenzeit	4	37
829	Halt dich fest	2	183
830	Halte sie fest	7	225
831	Hamlet	5	138
832	Handanalyse	2	178
833	Handfläche	7	45
834	Handschrift	8	199
835	Handwerk	5	50
836	HAP Grieshaber	4	48
837	Happening (Kurzprosa)	3	95
838	Harlem	3	50
839	Harlem bei Nacht	2	250
840	Harmonie der Mechanik	5	53
841	Harte Musik	7	226
842	Hauchball	6	34
843	Haut an Haut	5	188

DV	EV
DV	—
G	—
MV	—
SS	—
G	—
—	—
ES	—
SS	—
—	—
MV	—
—	—
DT	—
MA	—
—	—
D	—
M	—
ES	—
NR	—
AZ	— (auch unter dem Titel »Vergiß I« veröffentlicht)
MA	Jahrbuch 1980, 1. Lieferung, Dt. Akademie für Sprache und Dichtung, Verlag Schneider, Heidelberg 1980
IS	—
—	Jahresring 8/82, dva, Stuttgart 1981
BS	—
—	—
GG	—
—	—
DT	—
M	Jahresring 77/78, dva, Stuttgart 1977
—	—
SS	—
—	—
D	—
GG	—
—	Satzbau, Droste Verlag, Düsseldorf 1972
G	—
BS	—
D	—
DT	—
E	Rheinische Post, Düsseldorf 31. 12. 1970
ES	—

Nr.	Titel	Bd.	Seite
844	Heim	6	100
845	Heimat I (Dieser herbe Rausch der Fremde)	2	31
846	Heimat II (Du schwimmst / auf dem Meer)	6	312
847	Heimat III (Heimatlosigkeit / die fremde Heimat)	6	381
848	Heimatlos	7	66
849	Heimatstadt	6	345
850	Heimleuchten	7	249
851	Heimlich	6	130
852	Heinrich Heine	3	139
853	Heiterer Morgen	5	177
854	Hell – Dunkel	1	288
855	Heller	7	36
856	Hemmungsloser	1	267
857	Herbst I (Schon trägt die Welt ein gelbes Kleid)	1	51
858	Herbst II (Der Himmel fällt wie eine Frucht)	1	52
859	Herbst III (Die letzten Zugvögel)	3	66
860	Herbst IV (Die goldnen Adern)	3	250
861	Herbst V (Die grüne Maske)	5	180
862	Herbst VI (Auch im Herbst / singen die Vögel)	6	111
863	Herbst in New York	1	25
864	Herbstlich I (Nußbaumblätter / dies Frühlingsaroma im Herbst)	6	58
865	Herbstlich II (Am Morgen / öffnen Fenster)	7	166
866	Herbstlicher Ausschnitt	1	89
867	Herbstverse	2	179
868	Hereingefallen / sind wir	7	265
869	Herkulanischer Tag	2	315
870	Herr und Heimat	2	49
871	Herzkirsche	8	21
872	Heu	4	32
873	Heumatt	5	182
874	Hexensommer	4	148
875	Hier	5	184
876	Hier auf der Insel	1	26
877	Hieroglyphen	4	178
878	Hier und dort (Kurzprosa)	3	185
879	Himbeeren	8	143
880	Himbeerwald	5	197
881	Himmelsschrift	7	25
882	Himmelsspiel	1	200

OV	EV
MA	—
—	—
MV	—
S	—
IZ	—
S	—
DT	—
MA	—
OV	—
ES	—
—	—
SS	—
—	—
—	Der Tag, Czernowitz 23. 10. 1932
—	Der Tag, Czernowitz 23. 10. 1932
G	—
AZ	—
ES	Viele von uns denken noch . . . Schwiftinger Galeric-Verlag, Schwiftingen 1978
MA	—
—	—
E	—
DT	—
DR	—
—	—
IS	—
BS	—
—	—
—	—
GG	Deutsche Lyrik aus Amerika, Youngstown State University, N. Y. '69
ES	—
NR	—
ES	—
—	—
NR	—
OV	Jahresring 72/73, dva, Stuttgart 1972
—	—
ES	—
SS	—
DT	—

Nr.	Titel	Bd.	Seite
883	Hinauf	7	227
884	Hinaus	6	57
885	Hinausschieben	8	216
886	Hinter der Haut	3	103
887	Hinter Jalousien	4	188
888	Hinter Schleiern	1	256
889	Hinter Wänden	5	22
890	Hitzewelle	7	42
891	Hörst du	6	143
892	Hörst du / die Flöte	7	99
893	Hörst du / mit heller Stimme	7	342
894	Hoffnung I (Wir jagen den Hirsch)	2	47
895	Hoffnung II (Wer hofft / ist jung)	5	24
896	Hoffnung III (Häng eine Regenbogenfahne)	5	117
897	Hoffnung IV (Mein / aus der Verzweiflung)	5	171
898	Hoffnung V (Was tun wenn die Nacht)	5	312
899	Hoffnung VI (Das erinnerte Heim)	7	165
900	Hohe Boten	1	161
901	Honigkuchen	5	200
902	Honigwabe	4	179
903	Huldigung	1	169
904	Hundertwasser	6	137
905	Hunger	3	29
906	Hurra	5	193
907	Ich bin der Sand / im Stundenglas	7	98
908	Ich bin / die Königin der Nacht	7	113
909	Ich bin ein Baum / und atme mein	7	81
910	Ich / bin / eine Koralle	7	344
911	Ich bin / im innern Rom / geboren	7	123
912	Ich bin / in ein purpurnes / Glas genäht	7	315
913	Ich / bin Kain	7	270
914	Ich bin mit Füchsen / gesegnet	7	301
915	Ich bin / mit jedem Du / verwandt	7	352
916	Ich bin / schon lange verschollen	7	284
917	Ich danke / den Göttern	7	281
918	Ich denke	5	49
919	Ich / eine kleine Blume	7	273
920	Ich entdecke / im Herzen der Sonne	7	290
921	Ich / fühl es	7	319
922	Ich geh / mit meinen fremden Füßen	7	130
923	Ich gehe / im Bett / spazieren	7	348

OV	EV
DT	—
E	—
—	—
I	—
NR	—
—	
D	—
SS	—
MA	—
IZ	—
IS	—
—	—
D	—
M	—
ES	—
ES	—
DT	—
—	—
ES	—
NR	Tür an Tür, Bergland Verlag, Wien 1970
—	—
MA	—
G	—
ES	—
IZ	—
IZ	—
IZ	Die ZEIT Nr. 41, Hamburg 7. 10. 1983
IS	—
IZ	—
IS	Neue Rundschau Nr. 1, S. Fischer, Frankfurt/Main 1986
IS	—
IS	Jahresring 85/86, dva, Stuttgart 1985
IS	—
IS	Festtag in Manhattan, Pfaffenweiler Presse, Pfaffenweiler 1985
IS	Festtag in Manhattan, Pfaffenweiler Presse, Pfaffenweiler 1985
D	—
IS	Neue Rundschau, 97. Jg., Heft 1, S. Fischer, Frankfurt/Main 1986
IS	Festtag in Manhattan, Pfaffenweiler Presse, Pfaffenweiler 1985
IS	—
IZ	—
IS	—

Nr.	Titel	Bd.	Seite
924	Ich ging in dich hinein	1	117
925	Ich habe / dich geliebt	7	80
926	Ich hab / ein Wort gefunden	7	117
927	Ich habe / noch nicht aufgehört	7	324
928	Ich halte mich fest	3	111
929	Ich lausche / dem Monolog des Mondes	7	272
930	Ich leb' im Tal	1	114
931	Ich lege dich / an meine Stirn	7	97
932	Ich lege die Korallen	1	133
933	Ich / liebe dich / schnurrender Mond	7	318
934	Ich / liege / im Schatten	7	367
935	Ich liege / mit der Mondsichel	7	321
936	Ich möchte reden / doch ich kann nicht	7	122
937	Ich / Mosestochter	7	323
938	Ich sah im Traum	1	119
939	Ich sammle / meine Verluste	7	279
940	Ich schenke	5	194
941	Ich schmücke / einen Osterbaum	7	292
942	Ich sehne mich / nach Licht und Liebe	7	121
943	Ich spanne / eine Seufzerbrücke	7	330
944	Ich spüre / den klaren Zug	7	96
945	Ich stehe ein	4	101
946	Ich suche	5	110
947	Ich suche dich	1	140
948	Ich suche Gott / und finde ihn	7	120
949	Ich vergesse nicht	5	217
950	Ich verzichte / auf den Glanz	7	95
951	Ich verzichte nicht	5	221
952	Ich war / ein Vogel	7	295
953	Ich warte	6	161
954	Ich weiß nur	6	73
955	Ich werde / die Nüsse / nicht zählen	7	363
956	Ich widme mich / dem Feuer dieser Tage	7	112
957	Ich will / noch einmal	7	132
958	Ich wölbe die Rose	1	269
959	Ich wohn / auf einer Toteninsel	7	335
960	Ich wohn / auf einer Zauberinsel	7	289
961	Idee	7	69
962	Identität	7	48
963	Idylle	2	329
964	Ihr Duft haftet noch	2	268

OV	EV
DR	—
IZ	Die ZEIT Nr. 41, Hamburg 7. 10. 1983
IZ	—
IZ	—
I	—
IS	Festtag in Manhattan, Pfaffenweiler Presse, Pfaffenweiler 1985
DR	—
IZ	Die ZEIT Nr. 41, Hamburg 1. 10. 1983
DR	—
IS	—
IS	—
IS	—
IZ	—
IS	—
DR	—
IS	Festtag in Manhattan, Pfaffenweiler Presse, Pfaffenweiler 1985
ES	—
IS	Damals, damals und jetzt, Schneekluth Verlag, München 1985
IZ	—
IS	—
IZ	—
GG	—
M	—
—	—
IZ	—
ES	—
IZ	—
ES	—
IS	—
MA	—
MA	—
IS	—
IZ	—
IZ	—
—	—
IS	Jahresring 85/86, dva, Stuttgart 1985
IS	Festtag in Manhattan, Pfaffenweiler Presse, Pfaffenweiler 1985
IZ	—
SS	—
BS	—
BS	—

Nr.	Titel	Bd.	Seite
965	Ikarus	5	51
966	Im All	7	164
967	Im Atemhaus	5	23
968	Im Aug	8	59
969	Im Augenblick	6	309
970	Im Augenwinkel	1	274
971	Im Bild	7	199
972	Im Chagall-Dorf	2	339
973	Im Dialog	7	205
974	Im Dschungel	2	337
975	Im Erdrohr der Angst	2	46
976	Im fliegenden Bett	4	22
977	Im Flug	4	156
978	Im Garten	7	44
979	Im / Glaswald verirrt	7	371
980	Im Heuschreckenland	1	156
981	Im Himmel / wo die Welten / blühn	7	79
982	Im Kerker	5	176
983	Im Krieg	6	269
984	Im Labyrinth	3	68
985	Im Leuchtfeuer des Abendrots	7	264
986	Im Märchenland / blüht die Poesie	7	94
987	Im Maifeuer	6	49
988	Immer Atlantis	2	264
989	Immer blühen	1	257
990	Immer das Wort	4	155
991	Immer die Mutter	5	66
992	Immer im Gespräch	5	109
993	Immer neu	7	215
994	Immer überholt	1	28
995	Immer von neuem	5	269
996	Immer warte ich / auf Wunder	7	93
997	Immerzeit	7	255
998	Im Mond	8	72
999	Im Monde	1	275
1000	Im Mund des Mondes / wachsen Legenden	7	297
1001	Im Niemandshaus	6	169
1002	Im Osten des Herzens	2	300
1003	Im Park	3	199
1004	Im Regen	7	31
1005	Im Regenrock	7	163

OV	EV
D	—
DT	—
D	—
—	—
MV	—
—	—
DT	—
BS	
DT	—
BS	—
—	—
GG	—
NR	—
SS	—
IS	—
—	—
IZ	Die ZEIT Nr. 41, Hamburg 7. 10. 1983
ES	—
MV	—
G	Keine Zeit für die Liebe, Limes Verlag, Wiesbaden 1964
IS	—
IZ	Die ZEIT Nr. 41, Hamburg 7. 10. 1983
E	—
BS	—
—	—
NR	—
D	—
M	—
DT	—
—	—
ES	—
IZ	Die ZEIT Nr. 41, Hamburg 7. 10. 1983
DT	—
—	—
—	—
IS	—
MA	—
BS	Akzente Nr. 1, Hanser-Verlag, München 1959
—	Rheinische Post, Düsseldorf 1. 3. 1975
SS	—
DT	—

Nr.	Titel	Bd.	Seite
1006	Im Rücken	5	204
1007	Im Schneefest	5	214
1008	Im See der Sonne	2	180
1009	Im seidigen / Maigrün / einer Frühlingsnacht	7	78
1010	Im Sommer / hör ich die Bienen	7	277
1011	Im Spiegel	7	162
1012	Im Spital	3	259
1013	Im stillen Sternestand	1	258
1014	Im Süden	6	322
1015	Im Traum	1	174
1016	Im Umkreis / meiner Liebe / zum All	7	77
1017	Im Wandel	6	168
1018	Im Wanderwald	8	96
1019	Im Wiener Stadtpark	5	282
1020	Im Wunder	3	213
1021	Im Zelt	3	258
1022	Im Zimmer	5	112
1023	In alle innersten Reiche	2	42
1024	In alle Winde	7	39
1025	In das Mondhorn / blase ich	7	296
1026	In deinen Augen	1	110
1027	In den Bergen	8	137
1028	In den Traum	1	67
1029	In der Bar	1	306
1030	In der Sänfte / gleite ich	7	320
1031	In dir	6	50
1032	In Ehren	6	264
1033	In einem Atemzug	3	158
1034	In einer / Festung aus Büchern	7	76
1035	In jenen Jahren	2	333
1036	In meiner / Traumorchidee / spüre ich	7	75
1037	In Memoriam	4	63
1038	In Memoriam B. Sch.	8	104
1039	In Memoriam Chance Rauchwerger	8	128
1040	In Memoriam D. Goldfeld	5	15
1041	In Memoriam Elieser Steinberg	2	129
1042	In Memoriam Paul Celan	3	138
1043	In Memoriam Robert Frost	2	24
1044	Innengeburt	7	43
1045	Inseln	6	259

OV	EV
ES	—
ES	—
—	—
IZ	Die ZEIT Nr. 41, Hamburg 7. 10.1983
IS	Festtag in Manhattan, Pfaffenweiler Presse, Pfaffenweiler 1985
DT	—
AZ	Rheinische Post, Düsseldorf 12. 1. 1974
—	—
MV	—
—	—
IZ	Die ZEIT Nr. 41, Hamburg 7. 10. 1983
MA	—
—	—
ES	—
AZ	Frankfurter Allgemeine Zeitung, Frankfurt 26. 3. 1974
AZ	neues rheinland Nr. 6, Rheinland-Verlag, Köln 1973
M	—
—	—
SS	—
IS	—
DR	—
—	—
DR	—
—	—
IS	—
E	Jahresring 76/77, dva, Stuttgart 1976
MV	—
OV	Akzente Nr. 3, Hanser Verlag, München 1974
IZ	Die ZEIT Nr. 41, Hamburg 7. 10. 1983
BS	—
IZ	—
GG	—
—	—
—	—
—	Es ist alles anders, Pfaffenweiler Presse, Pfaffenweiler 1977
—	—
OV	Frankfurter Allgemeine Zeitung, Frankfurt 11. 5. 1970 (unter dem Titel: Requiem)
—	—
SS	—
MV	—

Nr.	Titel	Bd.	Seite
1046	Ins Leben	1	66
1047	Ins Märchen	5	113
1048	Ins Nichts	6	148
1049	Ins Nichts gespannt	1	152
1050	Insomnia I (Kurzprosa: Die Nacht hat zahllose Augen)	3	94
1051	Insomnia II (Kurzprosa: Ich gehe im Bett spazieren)	3	183
1052	Ins Vorbei	5	199
1053	In Toledo	6	357
1054	Inventar	3	102
1055	In welchem hermetischen Tal	2	130
1056	Irrsinniger	8	121
1057	Isole di Brissago	4	132
1058	Isoliert	7	21
1059	Israel I (Hügel hüpfen)	2	338
1060	Israel II (Zurück / ins zukünftige)	3	244
1061	Israels Wüste	6	373
1062	Italien I (Immer träume ich zurück)	6	239
1063	Italien II (Du Glockenmund)	6	360
1064	Jagd	3	134
1065	Jahresende	3	149
1066	Jakobeni	2	326
1067	Ja nein	7	49
1068	Januar	5	118
1069	Januar in New York	3	49
1070	Janus	3	168
1071	Janusengel	6	146
1072	Ja sagen	4	82
1073	Ja und Nein	7	161
1074	Jede Minute	4	206
1075	Jeden Tag	8	115
1076	Jenen / verlorenen Zeiten	7	278
1077	Jenes Land	7	41
1078	Jenseits I (Wir werden uns / wieder finden)	4	120
1079	Jenseits II (Dieser Aufruhr am Himmel)	6	78
1080	Jenseits III (Ich bin / ein Schatten)	6	181
1081	Jenseits der Regenländer	2	181
1082	Jenseits des Bug	6	91
1083	Jerusalem	4	77
1084	Johannes Bobrowski	3	140
1085	Jom Kippur	6	266

OV	EV
DR	—
M	—
MA	—
—	—
—	Satzbau, Droste Verlag, Düsseldorf 1972
OV	Jahresring 72/73, dva, Stuttgart 1972
ES	—
S	—
I	—
—	—
—	—
NR	—
SS	—
BS	—
AZ	Süddeutsche Zeitung, München 5./7. 1. 68 (unter dem Titel: Zurück)
S	—
MV	—
S	—
OV	Sassafras-Blätter Nr. 11, Sassafras-Verl., K'feld 1974 (Fr. Fass.)
OV	—
BS	—
DT	—
M	Neue Rundschau Nr. 4, S. Fischer-Verlag, Frankfurt/Main 1977
C	—
OV	—
MA	—
GG	—
DT	—
NR	—
—	—
IS	Festtag in Manhattan, Pfaffenweiler Presse, Pfaffenweiler 1985
SS	—
NR	—
MA	—
MA	—
—	—
MA	—
GG	—
OV	Literatur und Kritik Nr. 52, Otto-Müller-Verlag, Salzburg 1971
MV	—

Nr.	Titel	Bd.	Seite
1086	Josef	2	225
1087	Jubelndes Vergnügen	1	262
1088	Jugend I (Als noch das Leben war und der rote)	1	219
1089	Jugend II (Ich bin jung / wie die alte Welt)	5	281
1090	Jugend III (Fortunas / Walzerherz)	8	77
1091	Juli I (In Dornenadern)	2	273
1092	Juli II (An jedem Halm)	3	246
1093	Jungfernjoch I (Diese Schöpfung / aus blauem Weiß)	4	136
1094	Jungfernjoch II (Aus Gewölk / wird Himmel)	6	368
1095	Jungfernjoch III (Gletscher / die blaue Himmelshöhle)	7	40
1096	Käfige	4	175
1097	Kafkas Hungerkünstler	5	140
1098	Kamillen	2	304
1099	Kann mann	6	256
1100	Karneval	8	153
1101	Karzer	3	220
1102	Katakomben des Schlafs	2	131
1103	Käthe Kollwitz	3	241
1104	Katze	8	120
1105	Keine Beweise	6	126
1106	Keine Gedichte / im Augenblick	7	267
1107	Keinezeit I (Keinezeit keinezeit keinezeit)	2	40
1108	Keine Zeit II (Die Tanne im Nachbargarten)	6	384
1109	Keine Zeit III (Fremder Freund)	8	92
1110	Kein Preis	2	299
1111	Kein Requiem	5	283
1112	Kein Stein kein Baum	4	146
1113	Kein Trost	4	174
1114	Kein Wiedersehn	4	102
1115	Kein Zeiger	4	172
1116	Kennst du / den Zauber	7	92
1117	Kennwort	3	108
1118	Kimpolung im Schnee	6	380
1119	Kinderangst	3	34
1120	Kinderklavier	5	307
1121	Kindheit I (Vor vielen Geburtstagen)	2	321
1122	Kindheit II (Milch des Morgens)	5	114
1123	Kindisch	4	70
1124	Klinik	5	284
1125	Kneten	8	10

V	EV
	—
	—
	—
S	—
	—
S	—
Z	Düsseldorfer Nachrichten, Düsseldorf 13. 6. 1970
R	—
	—
S	—
R	—
	—
S	—
V	—
-	—
Z	Literatur und Kritik Nr. 86/87, Otto-Müller-Verlag, Salzburg '74
-	—
Z	—
-	—
A	—
S	—
-	—
	—
-	—
S	—
S	—
R	—
R	—
G	—
R	ZET Nr. 9, Rothe, Heidelberg März 1975
Z	Die ZEIT Nr. 41, Hamburg 7. 10. 1983
	—
S	—
G	—
ES	—
BS	—
M	—
GG	—
ES	—
—	—

Nr.	Titel	Bd.	Se
1126	Köln	6	37
1127	Königlich arm	4	9
1128	Königskerzen	8	4
1129	Königstein / Taunus	5	5
1130	König Tag	7	
1131	Körper I (Ein Wort erfinden)	6	21
1132	Körper II (Der Wind kennt / alle Richtungen)	7	24
1133	Komm / einen Atemzug näher	7	9
1134	Komm Engel / treib uns	7	33
1135	Komet	3	15
1136	Komm mit	5	22
1137	Komm Sebastian	6	20
1138	Kommt / der König des Karnevals	7	36
1139	Konstellationen	1	25
1140	Kopf eines Blinden	3	14
1141	Krähenschrei / Schnee wächst wie eine Blume	7	302
1142	Kräne	2	238
1143	Kraftprobe	4	23
1144	Krankenstation	5	285
1145	Kreidekreis	6	51
1146	Kreise	8	102
1147	Kreisen	4	15
1148	Kreislauf I (Immer offen / der Kreis)	4	194
1149	Kreislauf II (Dein Blick / in meinem Aug)	5	286
1150	Kreislauf III (Wo bin ich / wo bist du)	7	55
1151	Kreuzigung	1	198
1152	Krieg	6	198
1153	Kristall	4	25
1154	Krokodiltränen (Kurzprosa)	3	190
1155	Krone	5	28
1156	Kühl	6	52
1157	Künstlich	6	23
1158	Kurort	3	221
1159	Lärmlabyrinth	6	9
1160	Landschaften	6	378
1161	Landstraße	7	53
1162	Langer Augenblick	5	287
1163	Langweile	5	57
1164	Lassen uns nicht	8	226
1165	Laß mich / dir entgegenblühn	7	74

V	EV
	—
G	—
	—
	—
	Jahresring 83/84, dva, Stuttgart 1983
	Engel der Geschichte Nr. 26, Waldkirchener Verlagsgesellschaft
T	—
	Die ZEIT Nr. 41, Hamburg 7. 10. 1983
	—
V	Akzente Nr. 3, Hanser-Verlag, München 1974
S	—
D	—
	—
	—
V	Frankfurter Allgemeine Zeitung, Frankfurt 7. 11. 1972
S	Jahresring 85/85 dva, Stuttgart 1985
S	—
G	—
S	—
	—
–	—
G	—
R	—
S	—
–	Unterwegssein mit Dir. Morstadt-Verlag, Kehl 1984
–	—
V	—
G	—
V	—
D	—
	—
	—
Z	—
—	Literatur und Kritik Nr. 142, Otto-Müller-Verlag, Salzburg 1980
S	—
—	Unterwegssein mit Dir. Morstadt-Verlag, Kehl 1984
ES	Viele von uns denken noch . . . Schwiftinger Galerie-Verlag, Schwiftingen 1978
D	—
—	—
Z	Die ZEIT Nr. 41, Hamburg 7. 10. 1983

Nr.	Titel	Bd.	Se
1166	Laß es geschehen	1	20
1167	Laß mich / nicht allein	7	9
1168	Laßt uns	6	18
1169	Lattengebirge	5	10
1170	Laub	3	3
1171	Lauernd	6	5
1172	Lauschen	5	11
1173	Lautloses Gespräch	8	18
1174	Le Chaim	3	7
1175	Leben	4	19
1176	Legende von der Einsamkeit	1	9
1177	Lehmbrot	3	10
1178	Leidenschaft	2	3
1179	Leitmotiv	2	184
1180	Leonardo da Vinci	8	205
1181	Lerchen	8	83
1182	Les Baux	4	79
1183	Lesung	8	198
1184	Lethe	3	17
1185	Letzte Mutter	3	247
1186	Letztes Kapitel	8	119
1187	Letzte Wiederkehr / ins Nichts	7	274
1188	Leuchten	7	247
1189	Leukämie	8	44
1190	Licht der Gnade	1	80
1191	Lichter	5	120
1192	Lichter im Fenster	5	297
1193	Lichtkraft	4	185
1194	Liebe I (Rose und Dolch / Der Ring)	2	128
1195	Liebe II (Erwacht / als Stimmen uns tragen)	3	70
1196	Liebe III (Ich liebe / Berge Bäume Blumen)	4	144
1197	Liebe IV (Zwei Wolken / umarmen sich)	5	30
1198	Liebe V (Nirgends wie hier)	5	121
1199	Liebe VI (Wir werden uns wiederfinden)	6	54
1200	Liebe VII (Eine Form des Lichts)	8	64
1201	Liebe zur Schönheit	1	166
1202	Liebespaar im New York Central Park	2	38
1203	Lieb und Mohn	1	122
1204	Lied I (Wo die Wachtel ruft)	6	203
1205	Lied II (Ich spiele wieder)	6	212
1206	Lied III (Du schwiegst zu mir)	8	207

OV	EV
—	—
IZ	—
MA	—
M	—
G	—
E	—
M	—
—	—
G	—
NR	—
DR	—
I	—
—	—
—	—
—	—
—	—
GG	Frankfurter Allgemeine Zeitung, Frankfurt 31. 3. 1971
—	—
—	quadrat, P. Göhringer Verlag, Duisburg 1966
AZ	Engel der Geschichte 19/20, Claasen Verlag, Düsseldorf 1973
—	—
IS	Festtag in Manhattan, Pfaffenweiler Presse, Pfaffenweiler 1985
DT	—
—	—
DR	—
M	—
ES	—
NR	—
—	—
G	—
NR	—
D	—
M	—
E	—
—	—
—	—
—	—
DR	—
ED	—
ED	—
—	—

Nr.	Titel	Bd.	Seite
1207	Lieder	7	54
1208	Lilienbach / und / Abendwiese	7	353
1209	Lionel Feininger	8	54
1210	Litanei I (Die Luft geht)	3	249
1211	Litanei II (Angstfrei / das Vogellied)	8	53
1212	Literatur	8	63
1213	Lorelei	6	375
1214	Löwenzahn	8	43
1215	Losungswort	4	193
1216	Luft	3	255
1217	Luftländer	4	129
1218	Luftschlösser	4	56
1219	Lugano	6	367
1220	Luna	5	298
1221	Mädchen im Park	2	132
1222	Märchen (Kurzprosa)	3	181
1223	Märchengesicht	6	21
1224	März I	6	295
1225	März II (Wiedergekehrt ins Land)	8	48
1226	März III (Im endlosen Uhrwerk)	8	58
1227	Magisch	5	11
1228	Magnolienbaum	6	246
1229	Mai / mein Monat / du streust	7	73
1230	Mai I (Pfad und Pflanze aus Kristall)	1	226
1231	Mai II (Die Welt ist Mai – o alles lächelt Mai)	1	289
1232	Mai III (Mit Maiglöckchen / läutet das junge Jahr)	6	341
1233	Mai IV (Auf dem braunen Berg)	8	22
1234	Mai V (Der neue alte / Meister)	8	211
1235	Mai 1940	6	297
1236	Maiwinter	5	299
1237	Man ahnt	6	85
1238	Manchmal I (Manchmal / spricht ein Baum)	6	35
1239	Manchmal II (Manchmal bin ich / die Herzkönigin)	6	153
1240	Manchmal erwachst du	2	35
1241	Manhattan am Sonntag	3	48
1242	Manhattan (New York)	5	89
1243	Manhattan's Stil	1	29
1244	Mann mit Messer	3	35
1245	Margerite	6	235
1246	Marianne Moore	5	122

OV	EV
–	Unterwegssein mit Dir. Morstadt-Verlag, Kehl 1984
S	—
–	—
AZ	—
—	—
—	—
S	—
—	—
NR	—
AZ	Tür an Tür, Bergland-Verlag, Wien 1970
NR	—
GG	—
S	—
ES	—
—	—
OV	Jahresring 72/73, dva, Stuttgart 1972
E	—
MV	—
—	—
—	—
—	Bewegte Frauen, Edition R o F, Zürich 1977
MV	—
IZ	Die ZEIT Nr. 41, Hamburg 7. 10. 1983
MV	—
—	—
MV	—
—	—
—	—
MV	—
ES	—
MA	—
E	—
MA	—
—	—
G	Frankf. Allg. Zeitung, Frankfurt 3. 1. 67, (Unter dem Titel: Sonntag in New York)
—	Jahresring 78/79, dva, Stuttgart 1978
—	—
G	—
MV	—
M	—

Nr.	Titel	Bd.	Seit
1247	Marienkäfer	7	190
1248	Marilyn	5	300
1249	Maskenspiel	3	256
1250	Maskensturz	8	213
1251	Matrosen	2	185
1252	Maya Pyramiden	2	104
1253	Meer I (Was ist wie du so machtvoll auf der Erde)	1	46
1254	Meer II (Ich weiß nicht wie es kam)	2	306
1255	Meer III (Grammatik / meine Alchimie)	6	337
1256	Meerschaum	6	302
1257	Mehr	4	35
1258	Mehr Salz	6	286
1259	Mein Architekt	8	149
1260	Mein Atem	5	96
1261	Mein Blick	1	254
1262	Meine Ahnen / waren unbescholten	7	72
1263	Meine Jahre	8	126
1264	Meine Masken	8	82
1265	Meine Nachtigall	2	317
1266	Meine Sommerflur	1	260
1267	Meine Tochter	6	251
1268	Mein Gedicht	4	18
1269	Mein Haus	5	58
1270	Mein Heimweh / ist ein Stacheltier	7	316
1271	Mein Herz erschauerte	1	138
1272	Mein Herz ging nackt	1	136
1273	Mein Kind I (Mein ungeborenes Kind, das ich einst träumte)	1	302
1274	Mein Kind II (Ich habe mein Kind / begraben)	5	245
1275	Mein Leben lebt	1	39
1276	Mein Reich	6	205
1277	Mein Schatten I (Vor meiner Haustür)	4	64
1278	Mein Schatten II (Ich habe einmal)	4	195
1279	Mein Schlüssel	3	156
1280	Mein Sohn (Kurzprosa)	3	191
1281	Mein Turm	1	277
1282	Mein Venedig	6	336
1283	Melancholie	7	160
1284	Melodien	6	135
1285	Mensch aus Versehen	2	103
1286	Mensch geworden	6	38

OV	EV
DT	—
ES	—
AZ	neues rheinland Nr. 2, Rheinland-Verlag, Köln 1974
—	—
—	—
—	—
—	Buchenblätter, Neue Folge, 1. Jg., Czernowitz 1932
BS	—
MV	—
MV	—
GG	Radio Bremen, 16. 3. 1966 (Frühere Fassung)
MV	—
—	—
M	—
—	—
IZ	—
—	—
—	—
BS	—
—	—
MV	Neue Rundschau Nr. 2, S. Fischer-Verlag, Frankfurt/Main 1982
GG	—
D	—
IS	Neue Rundschau Nr. 1, S. Fischer Verlag, Frankfurt/Main 1986
DR	—
DR	—
—	Neue Rundschau Nr. 3, S. Fischer Verlag, Frankfurt/Main 1982
ES	Formation Nr. 6, Sulzbachtal 1978
—	—
ED	—
GG	—
NR	—
OV	Sassafras-Blätter Nr. 11, Sassafras-Verlag, Krefeld 1974
OV	—
—	—
MV	—
DT	—
MA	—
—	—
E	Tür an Tür, Bergland-Verlag, Wien 1970

Nr.	Titel	Bd.	Seite
1287	Menschen	6	131
1288	Menschlich I (Im Fenster steht die Landschaft)	4	187
1289	Menschlich II (Wenn man lang)	6	28
1290	Mensch Rabe Schnee	6	279
1291	Meteor	5	315
1292	Metropole	5	207
1293	Metropolis	6	379
1294	Mich trösten / kindliche Träume	7	304
1295	Milch	8	32
1296	Milchstraße	6	197
1297	Mimosen	8	87
1298	Minuziös	4	52
1299	Mir ist der Schnee vergönnt	2	110
1300	Mir selber begegnen	7	243
1301	Mit allgemeinen Mienen	2	102
1302	Mit dem Doppelatem	2	133
1303	Mit dem Gefährten	5	59
1304	Mit dem Sieb	3	228
1305	Mit den holprigen Jahren / wachsen die Wände	7	285
1306	Miteinander	3	262
1307	Mit einem roten Knoten / verbünde ich die Heimatländer	7	303
1308	Mit erznen Schwüren / flieg ich zum Horizont	7	305
1309	Mit euch allen	4	104
1310	Mit feinen Messern	3	253
1311	Mit Fragen	3	25
1312	Mit / Fingerspitzen rühre ich	7	299
1313	Mit giftblauem Feuer	1	157
1314	Mit Gulliver	3	25
1315	Mit Habgier / ruf ich deine Seele	7	298
1316	Mit / hartem Griffel	7	341
1317	Mit leeren Händen	8	159
1318	Mit Schweigen	8	224
1319	Mit Schwert und Vergißmeinnicht	6	325
1320	Mit seidensanftem Leuchten	7	334
1321	Mittagstraum	2	286
1322	Mittelpunkt I (Welcher Stern / ist Mittelpunkt)	6	160
1323	Mittelpunkt II (Geh die Straße entlang)	6	385
1324	Mit verbundenen Augen	6	87
1325	Mit verstümmelter Stimme	5	60

OV	EV
MA	—
NR	—
E	—
MV	—
ES	—
ES	Jahresring 77/78, dva, Stuttgart 1977
S	—
IS	Jahresring 85/87, dva, Stuttgart 1985
—	—
ED	—
—	—
GG	—
—	—
DT	—
—	—
—	—
D	—
AZ	Frankfurter Allgemeine Zeitung, Frankfurt/Main 16. 2. 1974
IS	Festtag in Manhattan, Pfaffenweiler Presse, Pfaffenweiler 1985
AZ	PEN, Erdmann-Verlag, Tübingen 1971
IS	—
IS	—
GG	—
AZ	Literatur und Kritik Nr. 52, Otto-Müller-Verlag, Salzburg 1971 (Frühere Fassung)
G	—
IS	—
—	—
GG	—
IS	—
IS	—
—	—
—	—
MV	—
IS	Jahresring 85/86, dva, Stuttgart 1985
—	—
MA	—
S	—
MA	—
D	—

Nr.	Titel	Bd.	Seite
1326	Mit / Vineta in das Meer / versunken	7	361
1327	Mit vollendetem Glanz	2	134
1328	Mit Zwergen / und mit Riesen	7	306
1329	Mode	8	194
1330	Möwen I (Die Reede verödet)	2	189
1331	Möwen II (Schwingen / halb Schwerkraft)	4	10
1332	Moirisch	7	184
1333	Mona Lisa	8	146
1334	Mondasche	2	137
1335	Mond / Traum	7	309
1336	Mondweh	2	190
1337	Moosverwandelt	6	240
1338	Morgen	2	192
1339	Morgenröte	8	222
1340	Morgens / eine Nachtigall	7	276
1341	Müde	6	151
1342	Mühlen aus Wind	3	227
1343	Mündung	4	199
1344	Mütter summen	2	100
1345	Mund des Geliebten	1	134
1346	Musik I (Aus welchem Instrument)	5	82
1347	Musik II (Schwalben / verläßliche Heimatvögel)	5	183
1348	Mutter Sprache	3	104
1349	Mutterland	5	98
1350	Mutterlicht	4	152
1351	Mysterium	6	107
1352	Nachbarn	2	191
1353	Nach dem / Feuertanz	7	311
1354	Nach dem Karneval	2	331
1355	Nach dem Krieg	5	178
1356	Nachher	8	169
1357	Nacht I (Sterne läuten durch die Nacht)	1	261
1358	Nacht II (In meiner Stube wird es dämmernd still)	1	286
1359	Nacht III (In der Nachtkrippe / schaukelt)	2	138
1360	Nacht IV (Die Pfauen / sind schlafen gegangen)	2	140
1361	Nacht V (Die Tulpe / schließt die Tür)	2	288
1362	Nacht VI (Sekunden tropfen / ins nächtliche Nichts)	4	205
1363	Nacht VII (Glorreiche Nacht)	6	196
1364	Nacht VIII (Die Sonnenbiene)	6	289
1365	Nachtflug	1	72
1366	Nachtstück	3	251

V	EV
S	—
—	—
S	Damals, damals und jetzt, Schneekluth Verlag, München 1985
—	—
—	—
G	Jahresring 76/77, dva, Stuttgart 1976
T	Jahresring 87/88, dva, Stuttgart 1987
—	—
—	—
S	Neue Rundschau Nr. 1, S. Fischer Verlag, Frankfurt/Main 1986
—	—
MV	—
—	—
—	—
IS	Festtag in Manhattan, Pfaffenweiler Presse, Pfaffenweiler 1980
MA	Neue Rundschau Nr. 4, S. Fischer Verlag, Frankfurt/Main 1980
AZ	—
NR	—
—	—
DR	—
D	—
ES	—
I	—
M	—
NR	—
MA	—
—	—
IS	Neue Rundschau Nr. 1, S. Fischer Verlag, Frankfurt/Main 1986
BS	—
ES	—
—	—
—	—
—	—
—	—
—	—
BS	—
NR	—
ED	Nacht, Pfaffenweiler Presse, Pfaffenweiler 1981
MV	—
DR	—
AZ	—

Nr.	Titel	Bd.	Sei[te]
1367	Nacht-Tag	6	55
1368	Nachtzauber	7	10
1369	Nächstes Ziel	5	136
1370	Nägel	7	246
1371	Nähen	6	278
1372	Näher an Gott geschmiegt	1	177
1373	Namen I (Bleiben werden / die schönen Namen)	3	144
1374	Namen II (Reise ins Namengebirge)	8	73
1375	Namenlos	7	200
1376	Narben	5	135
1377	Nausikaa	2	269
1378	Nebel I (Im Nebelhemd / die Sonne)	2	193
1379	Nebel II (Ehe der Traum)	2	194
1380	Nebel III (In der Nebelzeit)	6	56
1381	Nebel IV (Verschwommene Tage)	7	244
1382	Nebel V (Aus weißer Wolle die Stadt)	7	245
1383	Nebelwogen / Pappelwipfel	7	328
1384	Nehmt sie	6	321
1385	Nein	2	311
1386	Nespolie	8	16
1387	Neue Dimensionen	2	195
1388	Neue Ewigkeit	1	253
1389	Neuer Tag neue Nacht	6	41
1390	Neue Wunder	5	181
1391	Neue Zeichen / brennen	7	313
1392	Neugeschaffen	6	142
1393	Neugierig	5	137
1394	1982	6	69
1395	Neujahr I (Mit Zigeuner wandern)	2	141
1396	Neujahr II (Es schneit / Neujahrswünsche)	6	61
1397	Neujahr III (Großäugig / ein Kind)	6	275
1398	Neurose des Abends	2	99
1399	New York	4	76
1400	New York bei Nacht	1	30
1401	New Yorker Weihnachten	3	47
1402	New York fasziniert	2	32
1403	Niagara Falls I (Ein wildes Tosen braust mir dumpf entgegen)	1	201
1404	Niagara Falls II (Den erträumten Sonntag finden)	6	350
1405	Niagara Falls III (Betäubender Tag)	6	253
1406	Nicht bewährt	5	198

OV	EV
E	—
—	Jahresring 83/84, dva, Stuttgart 1983
M	—
DT	—
MV	—
—	—
OV	—
—	—
DT	Jahresring 87/88, dva, Stuttgart 1987
M	—
BS	—
—	—
—	—
E	Düsseldorfer Nachrichten, Düsseldorf 19. 12. 1970
DT	—
DT	—
IS	—
MV	—
BS	—
—	—
—	—
—	—
E	—
ES	—
IS	Neue Rundschau Nr. 1, S. Fischer Verlag, Frankfurt/Main 1986
MA	—
M	—
—	Privater Sonderdruck, Leverkusen 1. 1. 1982
—	—
E	—
MV	—
—	—
GG	—
—	—
G	Radio Bremen, 16. 3. 1966
—	—
—	—
S	—
MV	—
ES	—

Nr.	Titel	Bd.	Seite
1407	Nicht fertig	3	167
1408	Nicht fertig werden	6	139
1409	Nicht Gold	6	254
1410	Nicht ich	4	24
1411	Nicht immer	7	206
1412	Nicht mit dem Ohr	2	98
1413	Nicht Oktober nicht November	2	298
1414	Nicht vergessen I (Heute / hat ein Gedicht)	5	62
1415	Nicht vergessen II (Ich vergesse dich nicht)	6	88
1416	Nicht verloren	8	227
1417	Nichts bleibt	5	185
1418	Nichts bleibt wie es ist	6	339
1419	Nichts tröstet	7	271
1420	Nichts übrig	4	134
1421	Nicht vorüber	6	42
1422	Nicht wahr	4	106
1423	Nie	6	268
1424	Niemand	3	132
1425	Nimm	8	182
1426	Nimm dich in acht	6	159
1427	Nimm ein Licht	6	159
1428	Nimm mir	8	150
1429	Nizza	6	90
1430	Noch	7	11
1431	Noch bist du da	5	86
1432	Noch immer	5	191
1433	Noch ist das Lied nicht aus	1	181
1434	Nocturne	2	109
1435	Nördlich	4	33
1436	Nomaden	5	162
1437	Nonnenkloster	2	113
1438	Norwegische Seefahrt	6	372
1439	November	6	247
1440	Novembergrab	6	285
1441	Nur der Geist	1	263
1442	Nur die Gestirne	2	142
1443	Nur die Liebe	5	201
1444	Nur die Luft	5	208
1445	Nur die Mutter	1	297
1446	Nur die Pause	4	90
1447	Nur diese Gabe	1	216

OV	EV
OV	—
MA	—
MV	—
GG	—
DT	—
—	—
BS	—
D	—
MA	—
—	—
ES	—
MV	—
IS	—
NR	—
E	—
GG	—
MV	—
OV	Literatur und Kritik Nr. 86/87, Otto-Müller-Verlag, Salzburg '74
—	—
MA	—
DT	Jahresring 87/88, dva, Stuttgart 1987
—	—
MA	—
—	Jahresring 83/84, dva, Stuttgart 1983
D	—
ES	—
—	—
—	—
GG	neues rheinland Nr. 6, Rheinland-Verlag, Köln 1973
—	Schnittlinien, Claasen-Verlag, Düsseldorf 1979
—	—
S	—
MV	—
MV	—
—	—
—	—
ES	—
ES	—
—	—
GG	—
—	—

Nr.	Titel	Bd.	Seite
1448	Nur einen Augenblick	8	206
1449	Obdachlosigkeit	1	164
1450	Obwohl	5	216
1451	Ode	2	14
1452	Oder I (Bist du mit den Hexen)	5	90
1453	Oder II (Hörst du / das Winterherz)	8	161
1454	Oder III (Entlang einer Mauer)	8	86
1455	Odysseus	5	43
1456	Öffne die Stäbe / damit der goldne Himmelskörper	7	116
1457	Östlich	4	71
1458	Offener Brief an Italien	2	290
1459	Offenes Fenster	5	219
1460	Ohne (Kurzprosa)	3	176
1461	Ohne Hinterhalt	4	107
1462	Ohneschlaf	8	17
1463	Ohne Visum	3	126
1464	Ohne Wein und Brot	1	155
1465	Ohne Ziel	5	224
1466	Oktobermeditation	1	218
1467	Orakel	4	86
1468	Oreo	2	108
1469	Orient	6	252
1470	Orpheus	1	283
1471	Orpheus und Eurydike	5	229
1472	Orte	6	382
1473	Orte aus Rauch / ohne Atem und Glanz	7	369
1474	Ortlos	6	167
1475	Oskar Kokoschka	8	33
1476	Ostern I (Ostern / im grünen Erinnern)	2	118
1477	Ostern II (Der Weg auf der Landkarte)	3	119
1478	Ostern im März	2	143
1479	Ostern im Schnee	2	96
1480	Pablo Neruda	6	149
1481	Pakt	5	139
1482	Palette	6	184
1483	Papier I (Länder aus Papier)	2	196
1484	Papier II (Papier ist Papier)	5	231
1485	Papiertempel	3	175
1486	Pappeln	8	131
1487	Paris I (Die Luft silbert wenn du)	2	94
1488	Paris II (Wo die Luft flimmerndes Silber)	6	354

OV	EV
—	—
—	Jahresring 83/84, dva, Stuttgart 1983
ES	—
—	Der Aufbau, New York 8. 6. 1962
—	Jahresring 78/79, dva, Stuttgart 1978
—	—
—	—
D	—
IZ	—
GG	—
BS	—
ES	Rheinische Post, Düsseldorf 19. 2. 1972
OV	Jahresring 72/73, dva, Stuttgart 1972
GG	—
—	—
OV	Frankfurter Allgemeine Zeitung, Frankfurt 1. 2. 1972
—	—
ES	—
—	—
GG	Rheinische Post, Düsseldorf 4. 5. 1968
—	—
MV	—
—	—
ES	hortulus Nr. 64, Tschudy-Verlag, St. Gallen 1963 (Früh. Fassung)
S	—
IS	—
MA	—
—	—
—	—
—	Der Aufbau, New York 29. 3. 1974
—	—
—	—
MA	—
MA	—
MA	—
—	—
ES	—
OV	—
—	—
—	—
S	—

Nr.	Titel	Bd.	Seite
1489	Park Avenue Party	2	248
1490	Passah I (Bringt mich zurück)	3	215
1491	Passah II (Schließ auf das Ostertor)	4	167
1492	Paul Celan	4	39
1493	Paul Celans Grab	3	242
1494	Paul Klee I (Verknüpf die Fäden)	4	42
1495	Paul Klee II (Das Liniennetz / magnetisch)	7	201
1496	Pause	3	210
1497	Pegasus	4	183
1498	Peille	6	355
1499	Perlen	7	158
1500	Perspektiven der Zeit	2	90
1501	Phasen	2	277
1502	Phönix	3	222
1503	Pieta I (Sie hüllte sich in tausend Schleier)	1	292
1504	Pieta II (Abgetragen das Dach)	3	239
1505	Plötzlich	5	235
1506	Plünderung	8	42
1507	Poem	3	212
1508	Porträt eines Greises	4	47
1509	Prag	5	55
1510	Preisen	6	106
1511	Prismen	2	144
1512	Privacy (Kurzprosa)	3	195
1513	Pruth	2	324
1514	Puls	5	244
1515	Pupillen	2	89
1516	Quecksilber	2	66
1517	Raben	8	28
1518	Rad aus Wolkenerz	7	362
1519	Raren	2	325
1520	Ratschlag	4	173
1521	Rauch	3	27
1522	Rauchzeit	8	160
1523	Raum I (Kurzprosa: Ich betrat einen Raum)	3	184
1524	Raum II (Noch ist Raum / für ein Gedicht)	4	221
1525	Raum III (Der Raum / ein raumloser Gedanke)	5	274
1526	Rausch	1	74
1527	Rauscht Manhattan	2	59
1528	Rechenschaft	3	152
1529	Recht	7	208

OV	EV
BS	—
AZ	— (Variante zu »Ostern II«)
NR	Der Aufbau, New York 2. 4. 1971 (Hier unter dem Titel: »Pessach«)
GG	—
AZ	Frankfurter Allgemeine Zeitung, Frankfurt 24. 2. 1971
GG	—
DT	—
AZ	—
NR	Akzente Nr. 5, Hanser Verlag, München 1975
S	—
DT	—
—	—
BS	—
AZ	Tür an Tür, Bergland-Verlag, Wien 1970
—	—
AZ	Radio Bremen, 16. 3. 1966
ES	—
—	—
AZ	Lyrik aus dieser Zeit, Bechtle Verlag, Eßlingen 1967 (Fr. Fass.)
GG	—
D	—
MA	—
—	—
OV	—
BS	—
ES	—
—	—
—	—
—	—
IS	—
BS	—
NR	—
GG	—
—	—
OV	Jahresring 72/73, dva, Stuttgart 1972
NR	Düsseldorfer Hefte Nr. 22, Triltsch-Verlag, Düsseldorf 1976
ES	—
DR	—
—	—
OV	Rheinische Post, Düsseldorf 14. 9. 1974
DT	—

Nr.	Titel	Bd.	Seite
1530	Rede stehn	3	131
1531	Redensarten	6	185
1532	Reflexionen	1	264
1533	Regen	3	39
1534	Regenbogen I (Himmelsweiter / Begegnung)	4	135
1535	Regenbogen II (Die Sintflut / aufgeschoben)	5	68
1536	Regenwörter	6	311
1537	Reinere Räume	1	266
1538	Reisen I (Reisen / ins Ringelspiel)	2	166
1539	Reisen II (Täglich / erwandelt)	2	210
1540	Rembrandts Monolog	4	41
1541	Renoir	4	184
1542	Reptil	4	99
1543	Requiem I (Aber sie war größer als ihr Sterben)	1	298
1544	Requiem II (Mutter, Wesen, das um mich gewesen)	1	301
1545	Respekt	5	41
1546	Rettung	8	142
1547	Revolte	8	176
1548	Rhythmisch	8	65
1549	Richte dich auf	5	278
1550	Rilke	6	316
1551	Ritual I (Die Sonne übt)	3	211
1552	Ritual II (Endloses Ritual)	8	79
1553	Riviera I (Küste Schiffe und Matrosen)	2	23
1554	Riviera II (Sein Nacken / braune Landschaft)	6	364
1555	Robinsoninsel	8	189
1556	Rom I (Kostbarkeiten in den Kammern)	2	22
1557	Rom II (Sieben Profile / den Jahrhunderten)	6	361
1558	Romeo und Julie im Central Park	2	257
1559	Rose und Schmetterling	1	92
1560	Roter Mond	2	227
1561	Rot ist der Sand	7	364
1562	Rückblick	5	163
1563	Rückkehr I (Über dürren Decken / aus Stroh . . .)	2	163
1564	Rückkehr II (Zur Rückkehr / gut ausgerüstet)	5	134
1565	Rückkehr III (Immer von sich weglaufen)	5	209
1566	Rückkehr IV (Ich kehre zurück)	5	301
1567	Rückkehr V (Du wirst zurückkommen)	8	217
1568	Rückwärts	3	214
1569	Ruf und Kristall	2	262
1570	Ruhe	5	218

OV	EV
OV	—
MA	—
—	—
G	Radio Bremen, 16. 3. 1966
NR	—
D	—
MV	—
—	—
—	—
—	—
GG	—
NR	—
GG	—
—	—
—	—
D	—
—	—
—	—
—	—
ES	—
MV	—
AZ	Satzbau Droste-Verlag, Düsseldorf 1972
—	—
—	—
S	—
—	—
—	—
S	—
BS	—
DR	Klingsor, Jg. 8, Nr. 10, Kronstadt 1931
—	—
IS	—
—	Schnittlinien, Claasen-Verlag, Düsseldorf 1979
—	—
M	—
ES	—
ES	—
—	—
AZ	Literatur und Kritik Nr. 86/87, Otto-Müller-Verlag, Salzburg '74
BS	—
ES	—

Nr.	Titel	Bd.	Seite
1571	Ruhen	5	202
1572	Ruhepunkt	8	11
1573	Ruinen	1	184
1574	Ruth	5	108
1575	Sabbat I (Gras und Sonnenlaub)	2	61
1576	Sabbat II (Geschliffener Spiegel / im Teich)	6	94
1577	Sabbat III (Heute ist / die Haut der Erde)	6	313
1578	Sadagora / Hof des Wunderrabbi	7	332
1579	Sadagorer Chassid	2	319
1580	Särge	3	233
1581	Sätze	4	189
1582	Säule Schneemann / auf einer weißen / Wolkenbank	7	308
1583	Sag ja	6	214
1584	Sag nicht I (Was Schreiben heißt)	4	157
1585	Sag nicht II (Sag nicht / du bist fertig)	6	158
1586	Salons	5	141
1587	Salz	5	267
1588	Salzburg	6	370
1589	Salzsäule	4	191
1590	Salz und Versäumnis	2	145
1591	San Michele	6	363
1592	Sang und Ozon	2	266
1593	Sanskrit	2	197
1594	Schach	4	190
1595	Schach im Spiegel	6	183
1596	Schallendes Schweigen	2	334
1597	Scharf	3	150
1598	Schatten	2	270
1599	Schattenfleck	8	157
1600	Schatten im Spiegel	3	42
1601	Schattenspiel	7	228
1602	Schein	3	44
1603	Scheinrot	7	229
1604	Schichten des Schlafs	5	63
1605	Schicksal	4	165
1606	Schiffahrt	5	262
1607	Schlaf	8	155
1608	Schlafen Sie gut / sagt mir die Schwester	7	119
1609	Schlaffarben	5	309
1610	Schlaf mein Kind	4	166

OV	EV
ES	Nürnberger Blätter f. Literatur Nr. 4, M. Klaußner Verl., Fürth '78 (Früh. Fass.)
—	—
—	—
M	—
—	—
MA	—
MV	—
IS	—
BS	—
AZ	—
NR	Rheinische Post, Düsseldorf 11. 1. 1975
IS	Neue Rundschau Nr. 1, S. Fischer Verlag, Frankfurt/Main 1986
ES	—
NR	—
MA	—
M	—
ES	—
S	—
NR	—
—	—
S	—
BS	—
—	—
NR	Frankfurter Allgemeine Zeitung, Frankfurt 27. 5. 1969
MA	—
BS	—
OV	—
BS	—
—	—
G	—
DT	—
G	—
DT	—
D	—
NR	—
ES	—
—	—
IZ	—
ES	—
NR	—

Nr.	Titel	Bd.	Seite
1611	Schlaf nicht	6	122
1612	Schlaftabletten	5	187
1613	Schlager	5	144
1614	Schleier	2	168
1615	Schnee I (Wolke weiße Vermittlerin)	2	146
1616	Schnee II (Kurzprosa: Gebt mir eine Schaufel)	3	180
1617	Schnee III (Über Nacht umgebaut / Häuser)	4	28
1618	Schnee IV (Schnee fällt / die Welt wird weiß)	5	142
1619	Schnee V (Das weiße Wasser dem sich)	5	256
1620	Schnee im Dezember	3	57
1621	Schneeschmelze	5	143
1622	Schneesturm I (Monumente vermummt)	2	150
1623	Schneesturm II (Augenlos die Gesichter)	2	198
1624	Schnell	6	207
1625	Schön nicht	6	125
1626	Schöpfung und Tod	1	203
1627	Schreib	8	195
1628	Schreiben I (Du schreibst und schreibst)	4	213
1629	Schreiben II (Worte / schreiben sich)	8	170
1630	Schriften	2	151
1631	Schutzengel	6	77
1632	Schwarze Fahne	6	262
1633	Schwarze Taube	3	127
1634	Schwarz unterstrichen	6	77
1635	Schwebend / auf Weltenbahnen	7	327
1636	Schweifend	5	310
1637	Schweigen I (Hinter allen Worten)	6	44
1638	Schweigen II (Eine verschwiegene Hand)	8	23
1639	Schwierige Frage	4	98
1640	Schwierige Lektüre	8	45
1641	Schwüre	8	34
1642	Schwüre tauschen	4	109
1643	36 Gerechte	3	58
1644	Segnen	5	31
1645	Sehnsucht	5	190
1646	Seifenblasen	4	64
1647	Sein / Sonnenname / sein / Wunderwort	7	326
1648	Seinen Ort finden	7	156
1649	Sein hohes Schweigen	1	79
1650	Seit ich es weiß	1	173
1651	Seit mich dein grüner Kinderschritt	1	40

OV	EV
MA	—
ES	—
M	—
—	—
—	—
OV	Jahresring 72/73, dva, Stuttgart 172
GG	—
M	Neue Rundschau Nr. 4, S. Fischer Verlag, Frankfurt/Main 1977
ES	—
G	—
M	Literatur und Kritik 126/127, Otto-Müller-Verlag, Salzburg 1978
—	—
—	—
ED	—
MA	—
—	—
—	—
NR	—
—	—
—	—
MA	—
MV	—
OV	Tür an Tür, Bergland Verlag, Wien 1970
—	—
IS	—
ES	—
E	—
—	—
GG	—
—	—
—	—
GG	— (Auch unter dem Titel »Liebe III« veröffentlicht)
D	Radio Bremen 16. 3. 1966
D	—
ES	—
GG	—
IS	—
DT	—
DR	—
—	—
—	—

Nr.	Titel	Bd.	Seite
1652	Sekunde	4	50
1653	Selbstporträt	5	203
1654	Seliger Abend	1	47
1655	Seliger Traum	1	37
1656	September I (Pflaumen reifen)	2	152
1657	September II (Diese letzte Klausur / des Sommers)	5	111
1658	Sibirisch	4	74
1659	Sich ausleben	4	207
1660	Sicht	7	155
1661	Sie saßen	1	145
1662	Sie träumt	4	214
1663	Sie traten	1	141
1664	Sie waren lange	1	146
1665	Siebzig	7	230
1666	Sieg	2	154
1667	Sieh / die spiegelglatte Ebene	7	89
1668	Singen	7	202
1669	Singen Sirenen	2	308
1670	Singvögel I (Flügge / vom Äther verwirrt)	8	203
1671	Singvögel II (Die Kaltzeit)	8	212
1672	Sintflut	2	302
1673	So	7	154
1674	So hebt mich die Zeit	5	210
1675	So ist es	4	123
1676	So lebt	5	69
1677	So oder so	2	107
1678	So sind wir	1	168
1679	So soll es sein	5	251
1680	So viel	4	54
1681	Sommer	6	105
1682	Sonett in Moll	1	167
1683	Song	2	155
1684	Sonne I (Sicher daß es ihr gelingt)	2	200
1685	Sonne II (Während ich schreibe)	4	158
1686	Sonne III (Am Nachmittag / kommt die Sonne)	6	104
1687	Sonne IV (Ein Kind in Angst)	8	60
1688	Sonne V (Der Hahnenschrei schneidet)	8	18
1689	Sonnenaufgang I (Das Nichts / führt Dramen auf)	2	156
1690	Sonnenaufgang II (Vieläugig / Sonne / goldener Pfau)	3	62

OV	EV
GG	—
ES	—
—	Buchenblätter, Neue Folge, I. Jg., Czernowitz 1932
—	Buchenblätter, Neue Folge, I. Jg., Czernowitz 1932
—	—
M	—
GG	—
NR	—
DT	—
DT	—
NR	D'dorfer Hefte Nr. 22, Triltsch-Verlag, D'dorf 1976, (Fr. Fass.)
DR	—
DR	Klingsor, IX. Jg., Nr. 7, Kronstadt 1932 (Unter dem Titel »Abschied«)
DT	—
—	—
IZ	—
DT	—
BS	—
—	—
—	—
BS	—
DT	—
ES	—
NR	—
D	ZET, Nr. 9, Heidelberg, März 1975
—	—
—	—
ES	—
GG	—
MA	—
—	—
—	—
—	—
NR	—
MA	—
—	—
—	—
—	—
G	—

Nr.	Titel	Bd.	Seite
1691	Sonne im Februar	5	253
1692	Sonnenblume	7	115
1693	Sonnenstrahlen	8	50
1694	Sonntag am Riverside Drive	2	247
1695	Sonntag in Barcelona	6	356
1696	Sonntagsstille	2	81
1697	Spärlich zugedeckt	6	241
1698	Spätsommer	5	258
1699	Spannung	3	232
1700	Speise	6	121
1701	Spiegelbild	4	124
1702	Spiegelungen	2	80
1703	Spiel	3	60
1704	Spielen I (Laßt uns spielen)	5	70
1705	Spielen II (Das Leben / spielt uns)	6	110
1706	Spiel im Spiegel	2	157
1707	Spinonza I (Des Meisters denk ich, adelig und schlicht)	1	294
1708	Spinonza II (Mein Heiliger / heißt Benedikt)	5	263
1709	Spirale	8	140
1710	Sprache I (Sie ist Wipfel, Stamm und Laub.)	1	303
1711	Sprache II (Halte mich in deinem Dienst)	4	16
1712	Sprachspiele	4	159
1713	Sprich	5	167
1714	Spurlose Hand	3	56
1715	Spute dich	5	268
1716	St. Chapelle	3	93
1717	Stab	8	183
1718	Stachelträume	6	166
1719	Stammbaum	8	93
1720	Stammbuch	8	56
1721	Stammeln	5	311
1722	Stark	6	209
1723	Status quo	2	106
1724	Staub und Wind	4	138
1725	Staubmeer	6	45
1726	Staunen I (Bäume und Gras)	7	231
1727	Staunen II (Hinter meinem Frohsinn)	8	84
1728	Steinbruch November	2	203
1729	Steine	8	66
1730	Stern der Ferne	1	211

OV	EV
ES	—
IZ	—
—	—
BS	—
S	—
—	—
MV	—
ES	—
AZ	—
MA	—
NR	—
—	—
G	— (In der Originalveröffentlichung frühere Fassung)
D	—
MA	—
—	—
—	—
ES	—
—	—
—	—
GG	—
NR	—
ES	—
G	—
ES	—
—	Rheinische Post, Düsseldorf 29. 4. 1972
—	—
MA	—
—	—
—	—
ES	Jahresring 78/79, dva, Stuttgart 1978
ED	—
—	—
NR	—
E	—
DT	—
—	—
—	—
—	—
—	—

Nr.	Titel	Bd.	Seite
1731	Stern der Gnade	1	175
1732	Sterne I (Immer brennt mir / ein Stern ins Aug)	2	159
1733	Sterne II (Funken im Fenster)	4	139
1734	Sternensturz / aus der / Schwärze des Himmels)	7	351
1735	Stille der Nacht I (Stille der Nacht / Kinder lächeln im Schlaf)	2	53
1736	Stille der Nacht II (Stille der Nacht / wacht wie die Mutter)	2	54
1737	Stilleben I (Chrysanthemen / im Sarg der Vase)	2	287
1738	Stilleben II (Kurzprosa: Auf dem Tisch eine Schüssel)	3	186
1739	Stilleben III (Still / leben Früchte / im Teller)	4	69
1740	Stilleben IV (Im Sonnengold / dies bunte Muster)	5	270
1741	Stilleben V (Zufällig / diese Anordnung)	7	179
1742	Stille Nacht	3	261
1743	Stimmen I (Kurzprosa: Masken die wechseln . . .)	3	189
1744	Stimmen II (Im Laub noch schlägt)	5	264
1745	Strafe	5	264
1746	Strand im August	3	245
1747	Ströme	3	151
1748	Strohblumen	6	263
1749	Struma	4	118
1750	Stürmische Meerfahrt	2	295
1751	Sturm I (Der Wolfswind heult)	4	140
1752	Sturm II (Sturm aus nördlicher Richtung)	4	141
1753	Suchen I (Ich suche / eine Insel)	8	223
1754	Suchen II (Ich such dich)	8	228
1755	Südliche Landschaft	3	170
1756	Sünder	7	207
1757	Sukkoth	2	323
1758	Surrealistische Landschaft	1	278
1759	Tänzerin	2	79
1760	Täuschung	6	250
1761	Tag	2	76
1762	Tage	7	64
1763	Tagebuch	7	153
1764	Tag Nacht	7	187
1765	Tag und Nacht	5	146
1766	Tanz	6	265
1767	Tarngeist	5	147
1768	Tat-Sache (Kurzprosa)	3	188

OV	EV
—	—
—	—
NR	—
IS	—
—	—
—	—
BS	—
OV	—
GG	—
ES	—
DT	—
AZ	Rheinische Post, Düsseldorf 24. 12. 1973
OV	—
M	—
ES	—
AZ	neues rheinland Nr. 6/7, Rheinland-Verlag, Düsseldorf 1967
OV	—
MV	—
NR	Radio Bremen, 16. 3. 1966
BS	—
NR	—
NR	—
—	—
—	—
OV	—
DT	—
BS	—
—	—
—	—
MV	—
—	—
IZ	—
DT	—
DT	—
M	—
MV	—
M	—
OV	—

OV	EV
—	—
—	—
BS	—
—	—
BS	—
DT	—
DR	—
NR	—
D	—
—	—
—	Buchenblätter, Neue Folge, I. Jg., Czernowitz 1932
—	—
IS	—
—	—
DT	—
—	—
IS	—
D	—
ES	—
—	—
ES	—
—	—
MV	—
IS	—
OV	Rheinische Post, Düsseldorf 17. 7. 1971
GG	—
DR	—
ED	—
—	—
—	—
IS	—
—	—
DR	—
—	—
—	—
MV	—
MV	—
DT	—
D	—
IS	—
GG	—

Nr.	Titel	Bd.	Seite
1809	Treue I (Mein Meer)	8	139
1810	Treue II (Auf dem Kristallberg)	8	99
1811	Trockener Sommer	6	267
1812	Tröstung I (Ich tröste mich)	4	142
1813	Tröstung II (Im Zimmer duften die Levkojen)	5	248
1814	Tropfen	3	130
1815	Trost I (Erzengel Luzifer)	2	207
1816	Trost II (Mein Haus aus Schnee / schmilzt)	5	249
1817	Trost III (Einst hat der / Aussätzige geklappert)	7	68
1818	Trug	8	78
1819	Tübingen	4	80
1820	Tulpen	3	40
1821	Überall immer	3	200
1822	Über Bäume	7	234
1823	Übergang I (Wir atmen die / letzten Vögel ein)	2	121
1824	Übergang II (Die Pappeln werden leer)	8	177
1825	Übergang III (Das Küstenkind)	8	12
1826	Überhört	8	117
1827	Überholt I (Zeit / die Verwandlerin)	5	150
1828	Überholt II (Verwandelt / vertauscht)	8	85
1829	Überreste	3	136
1830	Überschreiten	6	138
1831	Uhren	1	304
1832	Umarmt	6	145
1833	Um zu lieben	8	108
1834	Unbeheizte Wohnung	2	74
1835	Unbeschriebenes Blatt I (Gefräßiges Tier)	4	160
1836	Unbeschriebenes Blatt II (Du triffst)	8	61
1837	Und	6	191
1838	Und die Lindenbäume	6	232
1839	Und manchmal der Wind	2	335
1840	Unendlich	6	129
1841	Unermüdlich	6	134
1842	Unentbehrlicher Anfang	8	231
1843	Ungesagt	8	190
1844	Ungestalt	5	74
1845	Unmeßbar (Kurzprosa)	3	177
1846	Unruhe	6	18
1847	Unsere Sterne	4	58
1848	Unsere Stunden	4	145
1849	Unsterblich	8	100

OV	EV
—	—
—	—
MV	—
NR	—
ES	—
OV	—
AZ	—
ES	—
IZ	Jahresring 83/84, dva, Stuttgart 1983
—	—
GG	—
G	Radio Bremen, 16. 3. 1966
—	Rheinische Post, Düsseldorf 12. 7. 1975
DT	—
—	—
—	—
—	—
—	—
M	—
—	—
OV	neues rheinland Nr. 2, Rheinland-Verlag, Köln 1974
MA	—
—	—
MA	—
—	—
—	—
NR	—
—	—
MA	—
MV	—
BS	—
MA	Literatur und Kritik Nr. 142, Otto-Müller-Verlag, Salzburg 1980
MA	—
—	—
—	—
D	—
OV	Jahresring 72773, dva, Stuttgart 1972
E	Rheinische Post, Düsseldorf 8. 7. 1972
GG	—
NR	Akzente Nr. 5, Hanser-Verlag, München 1975
—	—

Nr.	Titel	Bd.	Seite
1850	Unsterblichkeit (Kurzprosa)	3	194
1851	Unter den Steinen	2	73
1852	Unter einer Decke	7	150
1853	Untergang	4	163
1854	Unterirdisch	2	285
1855	Unterwegs	8	124
1856	Unverbunden	1	238
1857	Unverläßlich	6	82
1858	Unverrückbar	7	149
1859	Unvollendet	3	110
1860	Unzulänglich	8	219
1861	Urne Erinnerung	3	54
1862	Urteil	7	148
1863	Urwort	7	152
1864	Utopia	6	157
1865	Vater unser	6	274
1866	Venedig I (Goldener Schmutz)	2	291
1867	Venedig II (Venedig sehen / und leben)	6	92
1868	Verborgenes Licht	7	188
1869	Verbrämt	3	106
1870	Verbrannt	7	159
1871	Verbunden	8	112
1872	Verbundenheit I (Zwischen mit)	2	70
1873	Verbundenheit II (Leg meinen Traum / zu deinem)	5	85
1874	Verehrter Gott / Gib mir ein Zeichen	7	133
1875	Verfall	3	105
1876	Verfolgt	8	196
1877	Vergeblich	3	48
1878	Vergebung	8	145
1879	Vergessen I (Von deinem Haus wehte froh die Fahne)	1	279
1880	Vergessen II (Ich hab / mich vergessen)	7	147
1881	Vergiß / daß wir uns liebten	7	111
1882	Vergiß / meine ängstlichen Gesten	7	275
1883	Vergiß I (Vergiß / daß dein Zimmer)	6	165
1884	Vergiß II (Vergiß die / poetische Wahrheit)	6	204
1885	Vergiß mich nicht / ich bin	7	88
1886	Vergiß nicht	7	63
1887	Verherrlichen	4	216
1888	Verkaufen	6	113
1889	Verläßlich	4	49
1890	Verlieren	7	222

OV	EV
OV	—
—	—
DT	—
NR	—
BS	—
—	—
—	—
MA	—
DT	—
I	—
—	—
G	Radio Bremen, 16. 3. 1966
DT	—
DT	—
MA	—
MV	—
BS	—
MA	—
DT	—
I	—
DT	—
—	—
—	—
D	—
IZ	—
I	—
—	—
—	—
D	—
—	—
DT	—
IZ	—
IS	Festtag in Manhattan, Pfaffenweiler Presse, Pfaffenweiler 1985
MA	—
ED	—
IZ	Die ZEIT Nr. 41, Hamburg 7. 10. 1983
IZ	Unterwegs sein mit Dir, Morstadt-Verlag, Kehl 1984 (Fr. Fassung)
NR	—
MA	—
GG	Frankfurter Allgemeine Zeitung, Frankfurt 21. 4. 1972
DT	—

Nr.	Titel	Bd.	Seite
1891	Verlieren – Gewinnen	6	175
1892	Verlobt	7	62
1893	Verlust I (Meinen Namen verloren)	4	217
1894	Verlust II (In einer dunklen Zelle)	6	114
1895	Verlust III (Die Stille hat eine / schrille Stimme)	6	291
1896	Vermächtnis	3	55
1897	Verrat I (Vor dem Schlaf erwacht)	3	77
1898	Verrat II (Der Spiegel sagt)	3	205
1899	Verregnete Abreise	2	204
1900	Verregneter Sommer	8	51
1901	Versagung	8	106
1902	Verscherzt	3	107
1903	Verschiebung	2	205
1904	Verschiebung der Konstellation	2	246
1905	Verschmerzen	6	99
1906	Verschüttet	7	145
1907	Verschwommen	4	197
1908	Verschwörung	8	136
1909	Verse aus meinem Tagebuch	1	75
1910	Verse in Weiß	2	207
1911	Versfiguren	1	239
1912	Versöhnlich	3	14
1913	Versöhnung	4	110
1914	Verstehst du	8	71
1915	Verstohlen	4	201
1916	Verstümmelt	8	101
1917	Vertrag	4	117
1918	Vertrauen I (Vertrau dem Abend)	7	204
1919	Vertrauen II (Die Rose / vertraut sich)	8	57
1920	Vertraut / mit dem / Rosenschlaf	7	372
1921	Verwaiste Herzen	2	68
1922	Verwandelt	4	36
1923	Verwandlungen	5	76
1924	Verwandter Träumer	7	235
1925	Verweile nicht	7	142
1926	Verworren	6	75
1927	Verwundert	3	43
1928	Verwundung	3	252
1929	Verzaubert	5	64
1930	Vielleicht I (Ich bin / ein Schatten)	4	218

OV	EV
MA	—
IZ	—
NR	—
MA	—
MV	—
G	?
—	neues rheinland Nr. 12, Rheinland-Verlag, Köln 1968
AZ	—
—	—
—	—
—	—
I	—
—	—
BS	—
MA	—
DT	—
NR	—
—	—
DT	—
—	—
—	—
—	Radio Bremen, 16. 3. 1966
GG	Jahresring 75/76, dva, Stuttgart 1975
—	—
NR	—
—	—
NR	—
DT	—
—	—
IS	—
—	—
GG	—
D	—
DT	—
DT	—
MA	—
G	—
AT	Sie schreiben zwischen Goch und Bonn, P. Hammer-Verlag, W'tal 1975
D	—
NR	—

Nr.	Titel	Bd.	Seite
1931	Vielleicht II (Vielleicht / im April)	6	281
1932	Vielleicht III (Wenn die Zeit sich versteckt)	7	141
1933	Vielstimmig	8	167
1934	24 Stunden	2	239
1935	Villa d'Este	2	292
1936	Vogelwort	6	164
1937	Vollkommen	6	128
1938	Vom Gipfel / sehe ich	7	110
1939	Vom Leben gefressen	7	140
1940	Vom ersten bis zum letzten	2	162
1941	Von A bis Z	4	219
1942	Von früh bis spät	8	214
1943	Von Himmel zu Himmel / ich fliege	7	347
1944	Von Mund zu Mund	6	26
1945	Von Pol zu Pol	5	38
1946	Von Welt zu Welt	6	97
1947	Vorabend	4	202
1948	Vorbei	6	156
1949	Vorbereitung	6	217
1950	Vor dem Alpdruck	2	55
1951	Vor dem Spiegel	5	170
1952	Vor den Garben / kniet ich	7	314
1953	Vor meinem Balkon	6	112
1954	Vorostern	2	52
1955	Vorübergehend	4	220
1956	Wabe	8	24
1957	Wach bleiben	8	208
1958	Wachsen	6	118
1959	Wachsen dürfen	4	103
1960	Wächst noch	3	162
1961	Während	3	160
1962	Während ich Atem hole	2	261
1963	Waiting for Godot	8	67
1964	Wandel	1	165
1965	Wandelbar	7	146
1966	Wandern	6	213
1967	Wanderschaft	5	265
1968	Wandlung I (Ich wähnte schon es sei des Lebens Ende)	1	281
1969	Wandlung II (Wir kamen heim / ohne Rosen)	3	218
1970	Wann I (ist die Zeit um / wann)	3	236

OV	EV
MV	—
DT	—
—	—
BS	—
BS	—
NR	—
MA	—
IZ	—
DT	—
—	—
NR	Düsseldorfer Nachrichten, Düsseldorf 16. 5. 1970 (Fr. Fassung)
—	—
IS	—
MV	—
D	—
MA	Neue Rundschau Nr. 4, S. Fischer Verlag, Frankfurt/Main 1980
NR	—
MA	—
—	Klassenlektüre, Steinhausen Verlag, München 1982
—	—
ES	—
LS	Neue Rundschau, 97. Jg., Nr. 1, S. Fischer Verlag, Frankfurt 1986
MA	—
—	—
NR	Rheinische Post, Düsseldorf 12. 1. 1974
—	—
—	—
MA	—
GG	—
OV	Jahresring 74/75, dva, Stuttgart 1974
OV	Jahresring 74/75, dva, Stuttgart 1974
BS	—
—	—
—	—
DT	—
ED	—
ES	—
—	—
AZ	—
AZ	—

Nr.	Titel	Bd.	Seite
1971	Wann II (Ich hole die Kastanien / aus dem Feuer)	7	61
1972	Wann III (Noch ein Tag und / noch ein Jahr)	7	139
1973	Wann beginnt	8	162
1974	Wann ziehn wir ein	3	59
1975	Warum? I (Prosa) (Warum? Weil er herrlich war . . .)	3	278
1976	Warum II (Sie machen Krieg und)	5	148
1977	Was	6	152
1978	Was anfangen	8	151
1979	Was dem Berg gehört	2	51
1980	Was du nicht weißt	8	171
1981	Was hindert dich	8	156
1982	Was immer es sei	8	90
1983	Was ist es gehört	7	144
1984	Was ist / meine Aufgabe	7	310
1985	Wasser	8	113
1986	Wasserdicht	8	62
1987	Wassilij Kandinski	8	47
1988	Was uns allen angehört	1	232
1989	Was verbirgt sich	8	154
1990	Wege	7	191
1991	Wehmut und Wende	2	48
1992	Wehmut und weites Vergessen	2	50
1993	Wehrlos	7	185
1994	Weidenwort	3	26
1995	Weihnacht	2	224
1996	Weil	3	73
1997	Weise / Sternendeuter	7	379
1998	Weiterführen	5	151
1999	Weißer Schlaf	3	37
2000	Weißes Haar	6	229
2001	Weiß nicht	5	25
2002	Weiß nicht warum	4	203
2003	Weiß nicht wie	5	247
2004	Weißt du nicht	8	147
2005	Wellen	7	192
2006	Wen schweigst du	2	45
2007	Wenn	3	153
2008	Wenn der Winter	4	30
2009	Wenn / die Sterne finster werden	7	322
2010	Wenn du / erwachst	4	89
2011	Wenn du liebst	7	193

OV	EV
IZ	—
DT	—
—	—
G	—
—	—
M	—
MA	Neue Rundschau Nr. 4, S. Fischer Verlag, Frankfurt/Main 1980
—	—
—	—
—	—
—	—
—	—
DT	—
IS	Neue Rundschau, 97. Jg., Nr. 1, S. Fischer Verlag, Frankfurt 1986
—	—
—	—
—	—
—	—
—	—
DT	—
—	—
—	—
DT	—
G	—
—	—
G	—
IS	—
M	—
G	—
MV	—
D	Jahresring 75/76, dva, Stuttgart 1975
NR	—
ES	—
—	—
DT	—
—	—
OV	—
GG	Akzente Nr. 5, Hanser Verlag, München 1975
IS	—
GG	—
DT	—

Nr.	Titel	Bd.	Seite
2012	Wenn du / nicht da bist	7	71
2013	Wenn du willst	6	124
2014	Wenn / ich dir / wiederbegegne	7	360
2015	Wenn ich vergehe	6	19
2016	Wenn man wüßte	8	152
2017	Wenn sich deine Worte	1	129
2018	Wenn / wieder / Jugend grüßt	7	349
2019	Wenn Worte	8	184
2020	Wer I (Wer wird sich meiner erinnern)	6	86
2021	Wer II (Wasser / mein Kleid)	8	158
2022	Werben	5	78
2023	Werbung	2	170
2024	Wer bin ich	4	162
2025	Wer bin ich / wenn die Wolken weinen	7	118
2026	Wer erklärt	5	257
2027	Wer schlägt	4	210
2028	Wer trauert	5	257
2029	Wer unterscheidet	7	209
2030	Wer von Schilda kommt	2	223
2031	Wichtelworte	4	215
2032	Widmung	8	185
2033	Wieder I (Kommt wieder / die unerwartete Landschaft)	2	212
2034	Wieder II (Mach wieder / Wasser aus mir)	4	85
2035	Wieder Diogenes	8	9
2036	Wieder ein Tag	6	155
2037	Wiedergeburt	8	123
2038	Wiederkäuer	3	231
2039	Wiederkehr	8	27
2040	Wiedersehen	5	316
2041	Wiedersehen mit dem Wiener Wald	2	222
2042	Wie lang	1	247
2043	Wie schnell	7	236
2044	Wie sich die Welt	1	135
2045	Wie viele	7	194
2046	Wieviele Feuer	2	44
2047	Wie viele Schalen	1	118
2048	Wie werden sie die Leere dulden	1	246
2049	Willst du	7	242
2050	Wimpernschlag / Hauch / im Mai	7	376
2051	Wind I (Ätherhände / bauen Orgeln)	4	200

OV	EV
IZ	—
MA	—
IS	—
E	—
—	—
DR	—
IS	—
—	—
MA	—
—	—
D	—
—	—
NR	—
IZ	—
ES	—
NR	—
ES	—
DT	—
—	—
NR	Deutsche Lyrik aus Amerika, Youngstown St. University, N. Y. 1969
—	—
—	—
GG	—
—	—
MA	—
—	—
AZ	Rheinische Post, Düsseldorf 10. 1. 1973
—	—
ES	—
—	—
—	—
DT	—
DR	—
DR	—
—	—
DT	—
—	—
DT	—
IS	—
NR	—

Nr.	Titel	Bd.	Seite
2052	Wind II (Der Wind / bläst alles weg)	5	254
2053	Windbelaubte Welten	2	43
2054	Windbrunnen	8	52
2055	Winona, Minnesota (USA)	6	93
2056	Winter I (In der Drachenwohnung)	3	164
2057	Winter II (Weiß ist die / Winterseele)	6	117
2058	Winter III (Der Winter glüht)	6	210
2059	Winter IV (Eisblumen Schnee / jene Schlitter-partien)	7	237
2060	Winter V (Es schneit / in mein Herz)	8	135
2061	Wintersonne	7	238
2062	Winterverse	2	41
2063	Wir	6	200
2064	Wirbel	1	31
2065	Wir Fragenden	5	153
2066	Wir / haben uns nichts vorzuwerfen	7	266
2067	Wir leben	6	89
2068	Wir lehnen uns an seinen inneren Schimmer	1	183
2069	Wir Meterore	2	119
2070	Wir reichen uns	1	115
2071	Wirrwarr	6	76
2072	Wir sind verbrüdert	1	82
2073	Wir spielen Ostern	2	34
2074	Wir teilen	3	128
2075	Wir / träumen Schlaraffenland	7	262
2076	Wir überstehn I (Spielen Violinaugen / ein Spiritual)	2	171
2077	Wir überstehen II (Verloren / wiedergefunden)	3	71
2078	Wir warten / am Erdrand	7	300
2079	Wir wollen	1	68
2080	Wir zogen	1	142
2081	Wo I (Wo ist mein / Paradies)	7	197
2082	Wo II (Die Wunder / sind verebbt)	8	144
2083	Wo III (Wo / Gevatter Tod)	8	141
2084	Wo bist du	4	91
2085	Wo dein sanfter Flügel	2	215
2086	Wo der Frühling spinnt	1	84
2087	Wo der Gedanke	7	240
2088	Wo die reinsten Worte reifen	1	208
2089	Wo die Stadt aufhört	3	145
2090	Wo du uns findest	7	195
2091	Wo liegt das Land	2	37

OV	EV
ES	—
—	—
—	—
MA	—
OV	Jahresring 74/75, dva, Stuttgart 1974
MA	Die WELT, Hamburg 17. 1. 1981
ED	—
DT	—
—	—
DT	—
—	—
ED	—
—	—
M	—
IS	—
MA	—
—	—
—	—
DR	—
MA	—
DR	—
—	—
OV	—
IS	—
—	—
G	—
IS	—
DR	—
DR	—
DT	—
—	—
—	—
GG	—
—	—
DR	—
DT	—
—	—
OV	—
DT	—
—	—

Nr.	Titel	Bd.	Seite
2092	Wo sich verbergen	6	296
2093	Wo waren	4	92
2094	Wohin I (Mit Wörter / bekritzelte Nacht)	3	109
2095	Wohin II (Ich haltloser Elektronenkörper)	7	210
2096	Wohin III (Wohin / sind die / herrenlosen Vögel)	7	239
2097	Wohin ziehn wir	5	246
2098	Wolken	7	198
2099	Wonnig schmeckt der Tod	1	224
2100	Wort an Wort	4	115
2101	Worte I (Ich bringe euch / Worte)	6	25
2102	Worte II (Mund / Mund der spricht)	8	173
2103	Wortmehl	7	241
2104	Wünsche I (Frag mich nicht)	5	12
2105	Wünsche II (Ich möchte ein Magnolienbaum sein)	6	24
2106	Wünsche III (Ich möchte ein Magnolienbaum sein / Jahrhunderte alt)	6	154
2107	Würfel	2	244
2108	Wunder I (Holdes Wunder einer Blume)	1	95
2109	Wunder II (Ein Haarbreit)	6	164
2110	Wunder des Traums	1	76
2111	Wunderwelt	7	211
2112	Wundgeschlagen	7	143
2113	Wunsch I (Wenn ich bedenke)	6	127
2114	Wunsch II (Ich möchte mich / ins wahre Leben)	6	340
2115	Zähl nicht I (Zähl nicht / SEINE Schritte)	3	81
2116	Zähl nicht II (Zähl nicht / die Stunden)	6	162
2117	Zäune des Abends	2	216
2118	Zahlen	5	250
2119	Zahllose Augen	7	203
2120	Zahl und Zeit	1	284
2121	Zauberer	2	173
2122	Zauberzeichen / aus dem / erhabenen Sternenreich	7	355
2123	Zeichen I (Wir erkennen dich)	6	238
2124	Zeichen II (Mit Quecksilberworten)	6	270
2125	Zeichen / aus dem Ginsterland	7	336
2126	Zeichen der Zeit	8	68
2127	Zeit I (Kurzprosa: »Die gute alte Zeit!«)	3	179
2128	Zeit II (Ich lebe weiter)	5	80
2129	Zeittätowiert	5	261
2130	Zerbrechliche	6	98
2131	Zerbrochen	7	212

OV	EV
MV	—
GG	—
I	—
DT	—
DT	—
ES	—
DT	—
—	—
NR	—
E	—
—	—
DT	—
—	Bewegte Frauen, Edition R o F, Zürich 1977
E	—
MA	—
BS	—
DR	—
MA	—
DR	—
DT	—
DT	—
MA	—
MV	—
—	Privatdruck (hap grieshaber), Reutlingen 1969
MA	—
—	—
ES	—
DT	Jahresring 87/88, dva, Stuttgart 1972
—	—
—	—
IS	—
MV	—
MV	—
IS	—
—	—
OV	Jahresring 72/73, dva, Stuttgart 1972
D	—
ES	—
MA	—
DT	—

Nr.	Titel	Bd.	Seite
2132	Zerbrochener Spiegel	2	271
2133	Zeremoniell	7	196
2134	Zigeuner	8	130
2135	Zigeunerin	4	209
2136	Zikaden	2	228
2137	Zirkel	5	79
2138	Zirkus	5	115
2139	Zirkuskind	5	260
2140	Zu den Firnen	1	225
2141	Zuflucht	4	143
2142	Zukunft I (Was erwartest du / von der Zukunft)	5	266
2143	Zukunft II (Vergiß die summende Melodie)	6	242
2144	Zu kurz	5	154
2145	Zu viel	4	161
2146	Zum siderischen Punkt	2	174
2147	Zur Ruh gebracht	1	207
2148	Zurück I (Hermetische Blumen)	2	220
2149	Zurück II (Komm Freund / dieser gewundene Weg)	5	157
2150	Zurück III (Züge fahren / durch meine Zelle)	6	123
2151	Zurück IV (Immer komm ich / zurück)	6	188
2152	Zurück V (Der Baum / vor)	8	76
2153	Zurückgekommen	4	128
2154	Zusammenfließende Welt	5	81
2155	Zusammenhang	8	91
2156	Zusammenwachsen	4	84
2157	Zuschön	7	65
2158	Zuvor	3	171
2159	Zuweilen	7	252
2160	Zwei Schatten	2	217
2161	Zwei Silben verirrt	1	154
2162	Zwielicht / eines Gewitters	7	346
2163	Zwischen Fisch und Farben	1	285
2164	Zwischen Haien	3	225
2165	Zwischen ja und nein	8	178
2166	Zwischen / rot und grün	7	343
2167	Zwischen Schatten	1	71
2168	Zwischen Stäben	2	177
2169	Zwischen zwei Sphären	1	287
2170	Zwischenwelt	2	36
2171	Zwischenzeichen	5	84
2172	Zwischenzeilwort	8	191

OV	EV
BS	—
DT	—
—	—
NR	—
—	—
D	—
M	—
ES	—
—	—
NR	Akzente Nr. 3, Hanser Verlag, München 1974
ES	—
MV	—
M	—
NR	—
—	—
—	—
—	—
M	—
MA	—
MA	Rheinische Post, Düsseldorf 12. 7. 1975 (Fr. Fassung)
—	—
NR	—
D	Südostdeutsche Vierteljahresblätter Nr. 3, München 1977
—	—
GG	—
IZ	—
OV	Engel der Geschichte Nr. 19/20, Claasen Verlag, Düsseldorf 1973
DT	
—	—
—	—
IS	—
—	—
AZ	Frankfurter Allgemeine Zeitung, Frankfurt/Main, 24. 11. 1970
—	—
IS	—
DR	—
—	—
—	—
—	—
D	ZET, Nr. 9, Heidelberg März 1975
—	—

Alphabetisches Verzeichnis der englischen Texte nach Titeln

Nr.	Titel	Bd.	Seite
1	Abstract painting	1	326
2	After his burial	1	323
3	After the world was atombombed	1	340
4	And looking for a final start	1	324
5	Columbus Avenue	1	335
6	Death of a poet	1	327
7	Edge of precipice	1	331
8	History in a nutshell	1	338
9	Incantation	1	329
10	Nothing matters	1	322
11	No time to listen	1	333
12	O dust and skeleton and sun	1	330
13	Rome	1	342
14	Seascape	1	337
15	The garden is prepared	1	332
16	The girl of today	1	328
17	Virtuoso	1	336
18	When stone turns purple	1	334
19	Where shall we start	1	321
20	Who bears his seasons unashamed	1	325
21	Yemenite dancer	1	339

OV	EV
—	Pegasus, The Poetry Quarterly, Nr. 3, New York 1953
—	The Raven Anthology, Nr. 84, New York April 1950
—	WEVD, New York, 29. 11. 1959
—	The Raven Anthology, Nr. 84, New York, April 1950
—	Pegasus, Vol. 4, Nr. 3, New York 1956
—	Flame, Vol. 1, Nr. 2, Alpine, Texas 1954
—	Epos, Lake Como, Florida 1955
—	WEVD, New York, 29. 11. 1959
—	Pegasus, Nr. 3, New York 1954
—	The Raven Anthology, Nr. 86, New York, Oktober 1950
—	Epos, Vol. 7, Nr. 3, Lake Como, Florida, Frühjahr 1956
—	Flame, Vol. 2, Nr. 2, Alpine, Texas 1955
—	WEVD, New York, 29. 11. 1959
—	Voices, Nr. 164, 9/12, Manifold Co., Portland Maine 1957
—	Pegasus, Nr. 1, New York 1955
—	Pegasus, Nr. 1, New York 1954
—	Voices, Nr. 164, 9/12, Manifold Co., Portland Maine 1957
—	Flame, Vol. 3, Nr. 3, Alpine, Texas 1956
—	The Raven Anthology, Nr. 82, New York, Oktober 1949
—	Different, Jan./Feb. 1950, Rogers, Arkansas 1949
—	WEVD, New York, 29. 11. 1959

Alphabetische Verzeichnisse der Übersetzungen nach Titeln

	Übersetzung aus dem Jiddischen Itzig Manger	Bd.	Seite
22	Die Ballade vom Kränzlein Sterne	1	311
23	Die Ballade vom weißen Brot	1	314
24	Folg mir nicht nach, mein Bruder	1	315

	Übersetzung ins Englische Adam Mickiewicz		
25	Distance	1	345
26	Myself	1	345
27	Sin	1	345

	Elsa Lasker-Schüler		
28	My mother	1	347
29	Prayer	1	348

OV	EV
—	—
—	—
—	Der Tag, Czernowitz 17. 7. 1932

—	Adam Mickiewicz, New Selected Poems, Voyages Press, New York 1957
—	Adam Mickiewicz, New Selected Poems, Voyages Press, New York 1957
—	Adam Mickiewicz, New Selected Poems, Voyages Press, New York 1967

—	The New Orlando Poetry Anthology, New Orlando Publications, New York 1958
—	The New Orlando Poetry Anthology, New Orlando Publications, New York 1958

Alphabetisches Verzeichnis der deutschen Texte nach Textanfängen

Nr.	Titel	Bd.	Seite
1	Abend / verwandter Träumer	7	235
2	Aber der unbestechliche Engel blieb uns hold	1	183
3	Aber sie war größer als ihr Sterben	1	298
4	Abgetragen das Dach / mit dem Schwalbennest	3	239
5	Abschied / vor der Geburt	5	288
6	Ach, ich bin die weiße Knospe	1	187
7	Ach im Guß und Glanz der Stunde	1	122
8	Ach, selbst mein Versagen liebt dich sehr	1	260
9	Achtzigjähriger Greis	1	319
10	Ade / sagt heute keiner mehr	5	124
11	Ade sagen / mit dem Wort winken	6	223
12	Ätherhände / bauen Orgeln	4	200
13	Akazienbäume in Blüte	6	109
14	Alle Gaben, die der Tag verschwendet	1	38
15	Alle Gestalten / kommen / aus der Ungestalt	5	74
16	Alle Kelche sind schon zu	1	223
17	Alles Unerkannte zu erkennen	1	56
18	Alles atmet Sternverwandtschaft	1	127
19	Alles in Blüte / aber du trauerst	6	43
20	Alles kommt anders / wenn der Wind	5	299
21	Alles war schon / Die Wunder sind verebbt	7	182
22	Alles was sie einsammeln / die Gedanken	5	232
23	Allüberall / das Eine	5	172
24	Als Fontäne im Garten / tanze ich auf und ab	5	76
25	Als auf den Fensterscheiben / die Blumen blühten	7	128
26	Als aufgelöster Satz / kommt der Herbst	3	61
27	Als der Abend / die Allee betrat	2	217
28	Als gäbe es / einen Himmel	4	60
29	Als ich / aus der / Kindheit floh	7	287
30	Als ich auszog / Glück zu kaufen	3	45
31	Als ich in Constanza war	7	129
32	Als ich Landschaften sammelte	6	378
33	Als ich / Mutter sang	6	20
34	Als ich starb / war ich eine Nelke	6	130
35	Als noch das Leben nah war und der rote	1	219
36	Als sie ihn erwartete	2	277
37	Als sie mich in den Kerker warfen	6	38
38	Als wärst du Stein / zu Tode getropft	8	62

Nr.	Titel	Bd.	Seite
39	Als wir alles verschleuderten	5	178
40	Als wir uns / auf der Insel trafen	2	279
41	Als wir uns bebend auseinanderrissen	1	247
42	Als wüßtest du / woher	8	171
43	Am Abend / wird alles anders	4	204
44	Am Anfang / ohne Ende	7	49
45	Am Anfang / war das Wort	6	140
46	»Am Ende der Weisheit« / heißt das Wissen	6	299
47	Am Himmel / die künstlichen Vögel	7	283
48	Am Hof des Wunderrabbi von Sadagora	2	318
49	Am Morgen / öffnen Fenster / graue Augen	7	166
50	Am Nachmittag / kommt die Sonne	6	104
51	Am Rand eines Gedichtes / leben während der Tag	3	163
52	Ameisen bauen den	6	32
53	Amseln / ich streue Brot	7	307
54	An allen Haltestellen	6	307
55	An der Angstgrenze / Zigeuner Glück	4	181
56	An der Leichtigkeit / mit der du verteilst	4	121
57	An der Mündung des Herzlaufs	2	178
58	An der Regengrenze / Augenblicksworte	7	151
59	An die Windwand / geschrieben	4	178
60	An Feiertagen / besuchen mich tote Freunde	4	223
61	An Gipfeln / seine Verse messen	6	254
62	An jedem Halm / schärft Sonne ihr Messer	3	246
63	An Salzwellen anlegen / mein Schicksal ohne Blumen	5	43
64	An unsrer Stirn / wetzt Wind	5	293
65	An verfallenen Göttern vorbei	2	134
66	An welchem Tisch / nehmen die Sterne	5	71
67	An wen schreibe ich / Mensch	3	200
68	Analphabetisch / les ich	8	108
69	Anders / kommen sie	3	21
70	Angelangt / an der Grenze	3	155
71	Angstfrei / das Vogellied	8	53
72	Ansporn und Spur / aus dem Wasser gewachsen	4	132
73	Arbeit wartet auf mich	5	201
74	Astralzarte Kugel / laß mich	8	43
75	Atem an Atem / mit Licht und Staub	3	253
76	Atem: unüberlegtes Aus und Ein	1	236
77	Atem holen / aus dir / Erde	7	175
78	Atemspiel / in deinem Leib	4	210
79	Atem arbeiten / ruhen fliegen	5	303

Nr.	Titel	Bd.	Seite
80	Au und Garten rufen meine weite	1	255
81	Auch das Verborgene / hat ein Gesicht	2	161
82	Auch das Vergangene / hat Flügel	6	84
83	Auch die Furcht / hat ihre Gesetze	6	171
84	Auch hier / brannte der Strauch	3	238
85	Auch ich bin / in Arkadien geboren	3	135
86	Auch im Bett / gibt es Gipfel	6	170
87	Auch im Herbst / singen die Vögel	6	111
88	Auf dem braunen Berg / wächst wieder Grünhaar	8	22
89	Auf dem Dach der Nacht / umarmt er	4	44
90	Auf dem Gipfel / trat	6	221
91	Auf dem Himmel wandeln Rehe	1	71
92	Auf dem Kahn / gleiten	7	325
93	Auf dem Kristallberg / Treue geschworen	8	99
94	Auf dem Ozean atmet / der Mond	2	135
95	Auf dem Tisch / Äpfel und Wein	4	43
96	Auf dem Tisch eine Schüssel mit prallen Früchten (Kurzprosa)	3	186
97	Auf den Eisfenstern / blühten die Blumen	7	294
98	Auf / den Schalen / meiner Kummerwaage	7	375
99	Auf der Flucht / aus dem Feuerland	3	28
100	Auf der Flucht / übernachten	7	368
101	Auf der Landstraße / treffen wir uns	7	53
102	Auf der Lauer / steht der Tag	6	53
103	Auf der Sichel / reite ich	7	370
104	Auf der Suche / nicht	7	195
105	Auf der Suche nach einem	6	119
106	Auf der Wand / du lebst	2	114
107	Auf doppeltem Boden / unten verwurzelt	4	151
108	Auf einem Blitz / ist mein Flügelpferd	4	183
109	Auf einer Wiese / voller Primeln und Löwenzahn	8	38
110	Auf grauen Luftschienen / pausenlos	8	51
111	Auf hohen runden Stühlen sitzen sie	1	306
112	Auf meinem Fenster / steht ein fremder Vogel	5	223
113	Auf meinen Wänden / blühen Bilder	6	205
114	Auf meinen Wanderzügen / sind viele Brunnen da	1	244
115	Auf meiner Handfläche / geschrieben	3	110
116	Auf Seite 117 / lese ich	7	65
117	Auf vielen Flüssen / meine Jahre gefahren	3	15
118	Auf wieviel Flügeln / ruht die Luft	3	255
119	Auf zeittätowierten / Lippen / der Silbenkrieg	5	261

Nr.	Titel	Bd.	Seite
120	Aufatmen / wenn die Gefahr sich verbirgt	7	269
121	Auferstanden im Regen / die Toten	6	310
122	Aufgefangen / von fremder Hand	8	116
123	Aufgehoben / im Schlaf	3	143
124	Aufgewachsen / unter Heiligen	8	138
125	Aufrecht in deinem Blick / das Steingewächs	5	105
126	Aufrecht in mir / die Salzsäule	4	191
127	Augen / – Lichtlippen	2	164
128	Augen traf ich / von ungefähr	7	257
129	Augenblicksbogen / gespannt	6	33
130	Augenlos die Gesichter	2	198
131	Aus Blumen / Schnee und Gefahr	7	41
132	Aus dem Buch die Stimme / spricht deutlich	8	215
133	Aus dem Feuerkokon gerollt	4	35
134	Aus dem Füllhorn / hol die Feuer	8	49
135	Aus dem goldenen Käfig	2	87
136	Aus dem / Halbmond / strömt Nebelnacht	7	350
137	Aus dem Himmel / eine Erde machen	4	185
138	Aus dem Lichtquell / eines großen Augenblicks	7	109
139	Aus dem Nichts / erlöst	3	170
140	Aus dem Nichts / Felsen Wälder Meere	6	197
141	Aus dem Schlaf erstanden	2	76
142	Aus dem Sommerherzen / Melonenblut	5	81
143	Aus dem Traum, der launig mit mir spielt	1	76
144	Aus den Wurzeln / das Wachsende	6	118
145	Aus der Finsternis / Glanz schälen	6	85
146	Aus der Sonne / fallen Bienen	7	280
147	Aus der Traufe / kommend	7	227
148	Aus der Wiege / fiel mein Augenaufschlag	3	55
149	Aus einem heißen Schlaf / bin ich erwacht	7	127
150	Aus einem Tag im September	2	323
151	Aus einer Höhle / das Haus	6	301
152	Aus Farben / Körper kneten	8	33
153	Aus fernen Welten / fallen Worte	7	288
154	Aus geflügeltem Staub / sprüht die Gestalt	1	203
155	Aus Gewölk / wird Himmel	6	368
156	Aus meinen Einsamkeiten / bild ich ein Mosaik	2	211
157	Aus Phosphor die Dame / schön eine Schlange	8	140
158	Aus seinen Wurzeln / wächst er	6	280
159	Aus weißer Namenslosigkeit kamst du	2	105
160	Aus weißer Wolle / die Stadt	7	245

Nr.	Titel	Bd.	Seite
161	Aus welchem Instrument / tönt ihr Takt	5	82
162	Aus zerrütteten Träumen / erwachend	3	124
163	Ausgestorbene Wesen / Engel	7	35
164	Ausgewandert / aus dem Kinderlied	7	143
165	Außen bist du Gold und grelles Gleißen	1	20
166	Bäume und Gras / grüne Augenweide	7	231
167	Bald ist dein Herz vertan	1	88
168	Bald / kommt die Freundin	7	126
169	Baum der in dir wächst / traumgrün	4	89
170	Bei einer Zigeunerin hatte ich einst ein Tuch erworben (Kurzprosa)	3	194
171	Bei ihm lernten / Felsen und Bäume	3	52
172	Bekannte Unbekannte / rufen mich an	8	74
173	Bereit steht der Sarg / ich wehre mich	4	90
174	Berg aus Bildern	8	75
175	Berge / diese strahlenden Massive	8	59
176	Bergriesen im Morgengold	6	366
177	Besuch aus verlorenen Jahren / mit dem Böhmenbuch	7	34
178	Betäubender Tag / Drei	6	253
179	Betrübnis / weil unsre Welt	5	241
180	Bettler / im rieselnden Reich	6	228
181	Bettler / streckt aus	5	129
182	Biene im Krug gefangen	1	276
183	Bienen / singen den Sommer	5	197
184	Bilder auf den Wänden / Bücher im Schrank	5	289
185	Bin ich im Lande der Verwurzelungen	2	48
186	Birnenverschlossene / Kerne	6	315
187	Bis an den Nagelmond / denk ich an dich	3	36
188	Bist du mit den Hexen / im Bund	5	90
189	Bist du nicht / das Mädchen	5	125
190	Bist du zufrieden / Nein nein nein	6	80
191	Blau / eine Fahne dem Wunder	5	14
192	Blaßblaue Tage halten die Herzen so milde	1	221
193	Bleib / deinem Wort / treu	7	87
194	Bleiben werden / die schönen Namen	3	144
195	Blick in den Spiegel	5	191
196	Blöcke / blau und braun	4	79
197	Blumen hören auf / JA zu sagen	4	30
198	Blumenvogel / mein Doppelgedicht	8	174
199	Braunes Glockengeläut	2	113

Nr.	Titel	Bd.	Seite
200	Brennesselsonne / liebkost das	8	221
201	Brief aus Rosen	7	254
202	Bringt mich zurück / die Landkarte	3	215
203	Bruder im Exil / in Zeitungen gekleidet	2	242
204	Buchstaben haben mir / den Krieg erklärt	3	173
205	Chrysanthemen / im Sarg der Vase	2	287
206	Czernowitz / Heimat der Hügel	2	129
207	Da kommt er / wirft Luftlappen ins Gesicht	2	252
208	Da zirpten die Kiesel im Pruth	2	324
209	Dämmerung flattert schon wild	1	124
210	Dann kamen / Wolken	7	17
211	Das alte Lied: / die Zeit wird grau	6	145
212	(Das Alter) wächst in dir / fleischverschlingend	2	112
213	Das erinnerte Heim / im Vergangenen	7	165
214	Das Fenster / Gegenstände	3	167
215	Das fremde Leben / dein eigenes Reich	7	176
216	Das Gespräch über Bäume	7	234
217	Das Glitzern des Glühwürmchens	5	120
218	Das glitzernde Einst / der Salons	5	141
219	Das Herz der Rose liebt / deinen Atem	7	19
220	Das ist ein Widerstrahlen ohne Ende	1	96
221	Das Küstenkind / von Aurora geboren	8	12
222	Das Leben braust in stürmischen Akkorden	1	113
223	Das Leben entflieht – und ich liebe dich	1	212
224	Das Leben / spielt mich	5	28
225	Das Leben spielt uns	6	110
226	Das Leben / verherrlichen	4	216
227	Das Licht / hat keine Geheimnisse	3	85
228	Das Liniennetz / magnetisch	7	201
229	Das Losungswort / kennt dich nicht	4	193
230	Das Meer / seine Bewegung	6	45
231	Das Nichts / führt Dramen auf	2	156
232	Das norwegische Frachtschiff	6	372
233	Das offne Herz der Muschelsonne	6	358
234	Das plötzliche Land / duftet nach Zeder und Zimt	2	267
235	Das Prisma im Fenster / zerbricht	2	144
236	Das Reh im Wald / ist meine Schwester	7	114
237	Das Schiff / im Dialog	4	127
238	Das tägliche Brot / kommt uns teuer zu stehn	3	227
239	Das Tier mit den goldnen Gedärmen	2	97
240	Das / Traumkrokodil / kommt wieder	7	337

Nr.	Titel	Bd.	Seite
241	Das Viertel Haus vor dem Fenster	2	271
242	Das Wasser / hat heute Lust zu zaubern	5	228
243	Das Weiß einer Säule / aus dem weißen Athen	7	282
244	Das weiße Frachtschiff	4	145
245	Das weiße Wasser dem sich / nichts verschließt	5	256
246	Das Wespennest ist voll	2	336
247	Das Ziel ist an mir / vorübergegangen	3	257
248	Das Zimmer behütet mich	5	112
249	Daß der Karpfen im Teller dich anstarrt	5	257
250	Daß ich dich wiederseh / im April	2	301
251	Daß / jeden Augenblick / Gott stirbt und lebt	7	142
252	Daß nicht aufhöre / das bestürzende Glück	4	109
253	Daß sich öffne / das Tor ins Abenteuer	6	230
254	Daß sie schmelze / die Kruste Schwermut	6	324
255	Dein Blick / in meinem Aug	5	286
256	Dein Ebenbild / aus Holz Gold Granit	3	120
257	Dein Erdherz / vom Wortquell gestärkt	3	141
258	Dein erstes Wort war sanft und lieblich, wie	1	143
259	Dein Gesicht / das Auge / in deinem Gesicht	3	252
260	Dein Gesicht / verschiebt sich	2	205
261	Dein Herz / ist echt	7	108
262	Dein Wesen zu erhöhen	1	229
263	Dein Zipfelchen Zeit / hängt	7	20
264	Deine dünne Spur / hier	3	223
265	Deine geatmete Welt / Struktur der Stadt	2	213
266	Deine Höhe zu ermessen	1	225
267	Deine letzte Stunde / wird	4	83
268	Deine Palette / von Weiß bis Schwarz	6	184
269	Deine Worte lautlose	8	188
270	Deiner Ankunft gewärtig	5	116
271	Delikates Profil / auf lachsfarbnem Grund	2	69
272	Dem eine Stunde schlägt	2	115
273	Dem Strom / ruf ich zum	3	26
274	Den Abschrei / des Stürzenden	2	18
275	Den erregten Frühling will ich	1	269
276	Den erträumten Sonntag finden	6	350
277	Den sanften Namen Winona	6	93
278	Den Todestribut auf den Augen	8	123
279	Den Wald im Arm	6	222
280	Den Winter durchwartet / daß wieder ein	3	64
281	Den zerschnittenen Leib aus Serpentinen	1	214

Nr.	Titel	Bd.	Seite
282	Denk an Münchhausen / den Zauberer	4	68
283	Denn / ich hab dir	6	173
284	Dennoch herrlich / Staub aus Fleisch	4	111
285	Dennoch Rosen / sommerhoch	7	261
286	Der Abendmund / blutet	5	99
287	Der Abend sterntätowiert / legt an das meerblaue Hemd	5	38
288	Der Acker meines Herzens stand ganz kahl	1	144
289	Der Atomgott / ruft auf	5	161
290	Der Auferstandene / küßt	7	286
291	Der Baum / vor meinem Fenster	8	76
292	Der Becher klingt nicht mehr in meiner Hand	1	282
293	Der Berg predigt / dem atmenden Tal	6	335
294	Der Bergrücken trägt / einen Rock aus Gold	2	64
295	Der Brunnen wartet die Kühle ist bereit	2	93
296	Der / dem Apfelbaum gleicht	7	32
297	Der Dichter / fügt wieder zusammen / das zerstükkelte Lied	7	13
298	Der Engel in dir / freut sich über dein	5	306
299	Der Feierabend. Aus den Toren fließen	1	23
300	Der Flügelteppich / von Stiefeln zerrissen	2	313
301	Der Fluß / uns sein Delta	3	151
302	Der Fluß / wirft seine Kraft	8	66
303	Der Fragebogen / soll ausgefüllt werden	3	229
304	Der Froschkönig / Regent des Teichs	2	139
305	Der Garten / öffnet seine Rosen	7	29
306	Der Geburtstag / wird immer schwerer	6	260
307	Der goldne Berg / im Gedächtnis	6	226
308	Der große Komet / gekrümmter Säbel	3	157
309	Der Hahnenschrei schneidet	8	18
310	Der haltlose Apfel / fällt dir nicht	4	149
311	Der Himmel fällt / du mußt fliegen	5	51
312	Der Himmel fällt wie eine Frucht	1	52
313	Der Himmel legt mild seine Hände	1	83
314	Der Himmel leugnet nicht seine Sterne	2	80
315	Der Himmel strahlt in blauer Lauterkeit	1	84
316	Der König hat das Land versenkt	1	285
317	Der Krieg hat mich brotlos gemacht (Kurzprosa)	3	193
318	Der Kuckuck im Laub	2	289
319	Der letzte Vollmond schmeckte süß	1	207
320	Der letzte Vollmond schmeckte süß	2	92

Nr.	Titel	Bd.	Seit
321	Der Mohn öffnet / seinen roten Kelch	5	314
322	Der Mohnmund schwarzen Schlaf in seinen Zähnen	1	252
323	Der Mond / eingeschlummert im	2	219
324	Der Mond errötet	7	10
325	Der Morgen erzählt	8	214
326	Der Morgen hält / die Sonne im Arm	5	146
327	Der Morgen tönt	2	100
328	Der Morgen tritt in den Raum	2	180
329	Der neue alte / Meister	8	211
330	Der nie stirbt / Tod	6	143
331	Der / Nordwind / umarmt meine / Angst	7	358
332	Der Raum / ein raumloser Gedanke	5	274
333	Der Regen / klopft an meine Tür	7	125
334	Der Ring / aus Golddraht	8	225
335	Der Rosenstern des Paradiesapfels	1	224
336	Der Schrank / frißt	8	225
337	Der Seher sieht	6	283
338	Der Sommer / feiert Geburtstag	7	340
339	Der Sommer fragt / Warum muß ich schon	5	225
340	Der Spiegel / gibt mich	3	46
341	Der Spiegel sagt / du bist nicht du	3	205
342	Der Spiegel sagt / Sieh du bist alt	5	170
343	Der spröde Stein wird Lehm in seiner Hand	1	103
344	Der Stahlrippenadler erobert	2	187
345	Der Stern / blutet auf der / Bettlerwaage	2	149
346	Der Storch aus meiner / Wortwelt	8	192
347	Der Tag bricht an nach der Nacht	2	310
348	Der Tag / geht seinen Stundenweg	5	136
349	Der Tag ist ein Berg	6	323
350	Der Tag / ist mein Buch	7	153
351	Der Tag / sagt Brot	7	187
352	Der Tod hat / auf mich	8	183
353	Der Tod / kann uns nicht	5	234
354	Der Tod träumt in mir / sein graues Leben	2	172
355	Der Traum vom Glück / wehrt sich gegen mich	5	196
356	Der Weg auf der Landkarte	3	119
357	Der weise / Jakob	2	225
358	Der Wind / bläst alles weg	5	254
359	Der Wind kennt / alle Richtungen	7	248
360	Der Winter friert / seine Silberlocken	6	208
361	Der Winter glüht / spürst du	6	210

Nr.	Titel	Bd.	Seite
362	Der Wolfswind heult / sein Atem verschlägt uns	4	140
363	Der Zeiger macht einen Schritt	2	176
364	Der Zirkel / zieht einen Kreis	5	79
365	Des Geliebten Nächte zu entzünden	1	130
366	Des Meisters denk ich, adelig und schlicht	1	294
367	Deutlich leuchten / die Augen der Nacht	7	86
368	Dezember / ( ) sag ich und leg mir	3	57
369	Dich lieben, Lieb ist mehr als Lust und Leid	1	41
370	Dich zu verlassen, bangt mein Menschensein	1	215
371	Die alte Muhme kannte viele Sprüche	1	55
372	Die alte Zigeunerin ist tot	4	81
373	Die Angeklagten / am Ufer	6	236
374	Die Atmosphäre schimmert	8	54
375	Die Augen mit dem Rosentuch verbunden	1	220
376	Die Bachfuge / fliegt in den Himmel	4	45
377	Die Bäume binden sich zu Kränzen	1	139
378	Die Bäume / schlagen schon aus	5	305
379	Die Blauäugigen Schwarzhaarigen	8	19
380	Die blaue / Jubelmaske	8	82
381	Die Blinde am Fenster	8	193
382	Die Blinden sehen / die Luft von kreischenden	6	36
383	Die Botschaft / morgen	5	77
384	Die Bühne schwebt / die Gestalt die sie hebt	5	34
385	Die bunte Rosette / von Chartres	7	85
386	Die Burg / Burgfrieden	8	20
387	Die Dinge schlummern noch	2	151
388	Die dunklen Nebel, die der Tag gesponnen	1	82
389	Die einen sagen sie ritten auf Löwen	2	268
390	Die eingeschneite Straße reicht	2	110
391	Die Erde / gibt mir	7	84
392	Die Farben der Anemonen / werden bleich	5	258
393	Die Fenster flattern angstbesessen	1	160
394	Die Feuerprobe / bestanden	5	60
395	Die / Finsternis wächst	7	263
396	Die Flocken flogen wie verirrte Vögel	1	137
397	Die Flut, die Nachsintflut bricht ein	1	263
398	Die Furche / der Erinnerung	6	240
399	Die Gefahr hat / keine Furcht	3	230
400	Die Gefangenen im Turm	2	280
401	Die goldnen Adern / vollblütig	3	250
402	Die Götter / ja wußten sie	5	47

Nr.	Titel	Bd.	Seite
403	Die große Dotterblume / sonnt sich im Schnee	8	14
404	Die großen Worte, die sich farbig spreizen	1	228
405	Die großen Worte / sind verlorengegangen	5	78
406	Die grüne Maske / verschiebt sich	5	180
407	»Die gute alte Zeit!« Die Zeit ist wieder gut (Kurzprosa)	3	179
408	Die Harfe / ist mein Instrument	7	107
409	Die Herzschläge nicht zählen	6	139
410	Die Insel schwimmt / an meine Brust	7	106
411	Die Jahre sind / ein Wettrennen mit dem Tod	2	90
412	Die kalten Stuben stehn bemoost	1	158
413	Die Kaltzeit / hat die Singvögel	8	212
414	Die lebenslang aufgeschobene / Tibettraumreise	3	258
415	Die letzten Zugvögel / tragen Schnee	3	66
416	Die Luft geht / durch mich wie	3	249
417	Die Luft hat Fieber	2	254
418	Die Luft sagt / ich bin Luft	4	150
419	Die Luft silbert wenn du	2	94
420	Die Mänaden / haben uns nicht verlassen	7	181
421	Die Margariten nicken auf dem Flur	1	275
422	Die Mauer gegenüber	2	160
423	Die Maus / hat ihre / Federn verloren	7	317
424	Die Muse schläft im Park, der jetzt erwacht	1	238
425	Die Musik der Blüte / tönt auf	2	206
426	Die Nacht an die Sterne / kneten	8	10
427	Die Nacht hat / der Mond hat	2	147
428	Die Nacht hat zahllose Augen auf mich gerichtet (Kurzprosa)	3	94
429	Die Nacht / ist mein Tag	8	36
430	Die Nacht / ist meine dunkle Kraft	6	55
431	Die Nacht / lehnt an den Mond ihr Gerüst	8	220
432	Die Namen / der Erdteile	8	124
433	Die Nebel kleben an den blassen Wangen	1	162
434	Die Neurose des Abends ist Berührung	2	99
435	Die noch nicht gestorbene Zeit	2	55
436	Die Nordostbrise / singt die Ballade von der	2	186
437	Die novembernen Menschen hasten	2	65
438	Die Nymphen hatten es gut	2	86
439	Die Pappeln werden leer	8	177
440	Die Pause braucht mich / um sich zu sammeln	3	210
441	Die Pfauen / sind schlafen gegangen	2	140

Nr.	Titel	Bd.	Seite
442	Die Poren saugen sie auf	2	312
443	Die Post / bringt täglich	2	173
444	Die Quellen murmeln ferne	1	245
445	Die Reede verödet	2	189
446	Die Regensterne sind noch nicht erloschen	2	72
447	Die Rose rostet	8	26
448	Die Rose und ich / duzen einander	6	30
449	Die Rose / vertraut sich	8	57
450	Die Rosen schmecken ranzig-rot	2	235
451	Die Schatten werden lang / Spute dich	5	268
452	Die Schenke ist sein liebster Aufenthalt	1	105
453	Die schöne / Schlange	8	145
454	Die Schönheit der Blumen	6	237
455	Die Schwalben / sind ausgewandert	4	56
456	Die Seele der Dinge / läßt mich ahnen	6	107
457	Die Sekunde / sinkt in der Stunde	2	153
458	Die sich wand um den Stamm	8	56
459	Die Sintflut / aufgeschoben	5	68
460	Die Sonne / der Regenbogen	7	373
461	Die Sonne sagt / schlaf dich wach	3	234
462	Die Sonne sticht / ihr Feuer ins Wasser	4	131
463	Die Sonne übt / ihr Ritual	3	211
464	Die Sonne verschiebt / die Schleier der Dinge	2	168
465	Die Sonnenbiene / hat den Stachel verloren	6	289
466	Die Spiegel sind verteilt an Flüsse	1	205
467	Die Stadt badet im Schnee	2	224
468	Die Stadt breitet aus / ihre Geräusche	6	352
469	( ) die Stadt / über der Stadt	3	51
470	Die Sterne der Blinden	7	149
471	Die Stille hat eine / schrille Stimme	6	291
472	Die Stimme im Draht / ruft mich	3	206
473	Die stolze große grellgeputzte Stadt	1	24
474	Die straffe Haut / der Traube	2	136
475	Die Stube / am Nordpol gelegen	2	74
476	Die Stunde nach der Sklaverei	1	27
477	Die Stunde verebbt	2	162
478	Die Stunden senken sich wie Schatten	1	73
479	Die Tafel / mit dem Griffel verwundbar	8	111
470	Die Tage des Schweigens / sind noch nicht vorbei	7	293
481	Die Tage fallen / vom Kalender	5	199
482	Die Tage sind ein Gewächs	7	64

Nr.	Titel	Bd.	Seite
483	Die Tage / stürzen vom Kalender	2	66
484	Die Tage werden dünner	2	274
485	Die Tage / zählen dich	4	207
486	Die Tanne im Nachbargarten	6	384
487	Die Taube klopft ans Fenster	2	184
488	Die Trauer / ist ein Vogel	8	46
489	Die Tulpe / schließt die Tür	2	288
490	Die Tür / nicht das Ding aus Holz	2	265
491	Die Uhr macht / keine Sprünge	4	52
492	Die Uhr tickt / deine Jahre tot	5	151
493	Die Uhr vertreibt / meine Zeit	3	101
494	Die Wände, die mich halten, sprechen	1	78
495	Die Wasser drehen meine Seele	1	283
496	Die weiße Kugel / des Löwenzahns	2	218
497	Die Welt denkt mich / und fragt	5	184
498	Die Welt hat manchmal / noch nicht begonnen	3	115
499	Die Welt ist Mai – o alles lächelt Mai	1	289
500	Die Wendeltreppe / dreht sich	7	214
501	Die Wiese summt das Lied der Sommerzeit	1	242
502	Die wir uns / fortsetzen	7	18
503	Die Wolken haben es leicht	5	222
504	Die Wunder / sind verebbt	8	144
505	Die Wurzeln bohren	2	42
506	Die Zäune des Abends	2	216
507	Die Zeit ein Reptil / hat mich gefressen	4	99
508	Die Zeit hat / ihre Augen zugeschlagen	5	13
509	Die Zeit / ist mein Freund	6	22
510	Die zerstörte / Heimathaut	3	106
511	Dies Auseinanderfallen / in Würfel und Kugeln	3	105
512	Dies Blumenbeet	6	37
513	Dies Fleisch / aufrecht / unter farbigen Fetzen	3	148
514	Dies Gesicht / eine Grafik	4	47
515	Dies immense Ich / mit seinen Ansprüchen	5	189
516	Dies ist der Stamm an dem mein Sinn versagt	1	173
517	Diese alten Häuser an der	2	26
518	Diese Blume / ist augenschön	7	105
519	Diese gebrochene Säule / Rauch	3	27
520	Diese Gegenstände aus Metall / ermüden mich	4	31
521	Diese harten Tage	6	67
522	Diese letzte Klausur / des Sommers	5	111
523	Diese schalen Straßen und die faden	1	19

Nr.	Titel	Bd.	Seite
524	Diese Schöpfung / aus blauem Weiß	4	136
525	Diese Stunde kneten	7	220
526	Diese Stunde / Überfall Leben	8	125
527	Diese Stunde / wird durchsichtig	8	107
528	Diese weißen / Stirnen der Berge	6	103
529	Diese Windstille / vor dem Sturm	5	205
530	Diese Wunderwelt / Luft Licht	7	211
531	Dieser Aufruhr am Himmel	6	78
532	Dieser herbe Rausch der Fremde	2	31
533	Dieser Straßenlärm / oder ist es Musik	7	144
534	Dieser Tag / vom Regen in die Traufe	6	185
535	Dieses Auseinanderstürzen	7	256
536	Dieses Letzte möchte ich euch sagen	1	206
537	Dieses Restchen Weltende	2	84
538	Distel Drossel / Steine im Strom	8	162
539	Don Quichotte / mein Partner	5	48
540	Dort fließt der Pfad – schon bin ich angelangt	1	217
541	Drei Mahlzeiten / das Bett	6	176
542	Dreizehn Knospen / Das Zimmer blüht	6	202
543	Du bist ausgezogen / die Welt zu lernen	6	290
544	Du bist blind / und taub	8	180
545	Du bist der Gefangene	6	159
546	Du bist ein Mensch, wie Gott ihn ursprünglich schuf	1	80
547	Du bist ein Rätsel mir von fremder Art	1	116
548	Du bist / unwiderstehlich	7	83
549	Du denkst deinen / strömenden Tag	4	88
550	Du denkst deinen / strömenden Tag	5	101
551	Du ein Vogel / im Atemland	4	122
552	Du einverleibt / dem Du	7	172
553	Du erwachst / Es ist Tag	2	192
554	Du fliegst über / tönende Berge	6	370
555	Du fragst mich was ich will	6	73
556	Du gingst von mir, gefolgt von meiner Ruh	1	123
557	Du Glockenmund / Sonnenfuß im Süden	6	360
558	Du grüne Schaukel duftender Schmetterlinge	1	94
559	Du hast dich eingeschlichen	8	286
560	Du hast die Stadt verschluckt	6	379
561	Du hast mit deinen Sternen nicht gespart	1	291
562	Du hast / zahllose Augen	7	203
563	Du herrliches / Paris	7	82

Nr.	Titel	Bd.	Seite
564	Du hörst den Baum / Blätter erfinden die Fabel	8	179
565	Du / in Farben gehüllt	8	209
566	Du kein Stein / kennst seinen	4	146
567	Du kommst in die Taubenstadt	8	106
568	Du legst dein Licht in alle Farben	1	109
569	Du / morgens mittags nachts	3	103
570	Du mütterliche Liebe die / stets gibt und nichts verlangt	5	156
571	Du reichtest mir den schimmernden Pokal	1	111
572	Du reifst in mir durch tausend Qualen	1	132
573	Du schreibst und schreibst	4	213
574	Du schwiegst zu mir	8	207
575	Du schwimmst / auf dem Meer	6	312
576	Du sprichst mich an / Hat dein Wort mich erkannt?	5	132
577	Du spürst nicht / daß der Schnee der Jahre	5	61
578	Du suchst dich / in der Freude	5	294
579	Du triffst / in die weiße Scheibe	8	61
580	Du / und der Kirschbaum	3	262
581	Du wanderst / durch die Welt	5	265
582	Du wanderst / in der schwarzen Stadt	7	104
583	Du warst kein Versprechen	7	268
584	Du warst so fern und immer hinter Falten	1	112
585	Du weißt / die Erde ist schwarz	5	173
586	Du weißt, wie diese Tage mir begegnen	1	151
587	Du wirst dich trennen / von den Magnolienbäumen	4	87
588	Du wirst ein Märchenbaum sein	2	120
589	Du wirst zurückkommen	8	217
590	Dunkle Legende / von Blut zu Blut	7	377
591	Durch Bilder gehen / immer	2	208
592	Durch das Fenster meiner grauen	1	21
593	Durch ein / Sternenfeld / schreiten	7	378
594	Durch eine Hintertür / schlich ich	3	123
595	Durch viele Entkleidungen / geht sie	6	26
596	Eh die Zeit anfing / zwischen Himmel und Gras	3	171
597	Ehe der Atlas / eine Wendung macht	8	21
598	Ehe der Traum	2	194
599	Ehernes Gesetz / abgeblättert	7	217
600	Ein Buchenblatt / wie aus dem Wald	6	115
601	Ein Chor / erschreckter Stimmen	6	263
602	Ein Engel / lud mich ein	4	173
603	Ein Fall baumlang: / Einfall des Windgeistes	3	65

Nr.	Titel	Bd.	Seite
604	Ein Feuerfisch / flog heute	2	297
605	Ein Gedicht / beginnt nicht	8	183
606	Ein Gedicht / gefunden / ich suche	5	110
607	Ein Gedicht / liegt auf der Lauer	4	17
608	Ein Gedicht kommt zu mir / wenn es will	5	238
609	Ein Gerücht geht um	2	241
610	Ein Gruß / von fremden Lippen	6	306
611	Ein Haarbreit / Wunder	6	164
612	Ein Hauch, der sich zu Tönen weitet	1	65
613	Ein Hauch hängt über den Farben	1	85
614	Ein Haus aus Phantasie / Gedankendach	4	66
615	Ein Heilkraut wächst im Garten eines Traumes	1	259
616	Ein Kind in Angst	8	68
617	Ein Knäuel Worte / Ich halte den Faden	3	68
618	Ein Lied / erfinden	7	103
619	Ein Mensch / der nicht leben will	4	174
620	Ein Mensch wandert / von Land zu Land	5	65
621	Ein Morgen / ohne Geleise	6	182
622	Ein Name / ohne Lettern	2	175
623	Ein paar Sonnenstrahlen	8	50
624	Ein Schmerz / zieht einen anderen	4	123
625	Ein Sommertag mit heißem Atem breitet	1	100
626	Ein Sonntag im Juni. Der Himmel . . . (Prosa)	3	267
627	Ein Tag im Exil / Haus ohne Türen und Fenster	3	30
628	Ein Tag wie alle / Tage im Jahr	3	256
629	Ein Unglück / aus zersplittertem Glück	4	199
630	Ein Vesuv ist heut' der Himmel	1	53
631	Ein wildes Tosen braust mir dumpf entgegen	1	201
632	Ein Windstoß fährt / in die Papierfächer	3	208
633	Ein Wort erfinden / und den dazugehörigen	6	218
634	Ein Zartoval zwei Kreise feuchter Glanz	1	280
635	Eine Atembreite Haar / gescheiteter Berge	5	182
636	Eine Form des Lichts	8	64
637	Eine Freundin / backt mir Honigkuchen	5	200
638	Eine goldene Kette / fesselt mich	6	345
639	Eine Insel erfinden / allfarben	4	103
640	Eine Insel voller Seerosen	6	259
641	Eine kleine Nachtmusik	8	31
642	Eine Lawine / Zeit	5	39
643	Eine Mauer schiebt sich / vor die andere	7	180
644	Eine Revolte ausgebrochen	8	176

Nr.	Titel	Bd.	Seite
645	Eine Schale Schmerz / eine Glocke Glück	6	175
646	Eine Schnecke / wandert mit ihrem Haus	4	192
647	Eine schräge Strahlengarbe	1	89
648	Eine Spur suchen / im Wasser im Laub	4	125
649	Eine Tasche Welt / Fünfzig Pfund Kontinente	2	95
650	Eine verschwiegene Hand / löscht die Lampe	8	23
651	Eine Wabe Zeit	8	24
652	Eine Welle / Glanz / herangeschwemmt	4	119
653	Einen Drachen reiten / wenn der Fuß versagt	6	195
654	Einen Drachen reiten / wenn der Fuß versagt / Die Sonne erobern	7	12
655	Einen Vertrag machen / zusammenhalten	4	117
656	Eingetroffen / im Baumland	4	70
657	Einmal Gott Engel Mutter	6	304
658	Einmal wirst du / ich sein ich	8	167
659	Einst gab es Länder voller Feiertage	1	172
660	Einst / habe ich dich geliebt	8	27
661	Einst hat der / Aussätzige geklappert	7	68
662	Einst war ich / Scheherezade	7	39
663	Einst waren wir / Eins	7	174
664	Einst warst du Blume Glanz und Stille	1	91
665	Eintagsfliegen tanzen / ihren Tod	3	168
666	Eintreten / in das Doppelgesicht	7	102
667	Einziehn / in die Bienenmusik	4	179
668	Eisblumen Schnee / jene Schlittenpartie	7	237
669	Eisdornen schneiden ins Fleisch der Nacht	5	302
670	Eisenbahnen bringen die Fremden	2	243
671	Eisgeträumte Harmonie vor einem Augenblick	2	41
672	Eislaken auf Transnistriens Feldern	4	94
673	Elektrischer Engel / im Strom ohne Flügel	3	17
674	Elf Maikäfer / haben mich geboren	7	169
675	Elternschlaf / schwindeltief	3	34
676	Endlos / der Dialog	6	68
677	Endloses Ritual / Zurückgekommen	8	79
678	Endloses Spiel / katzmausen	3	134
679	Eng ist die Erde, unendlich das Fest	1	121
680	Enge Gäßchen / quer und quer	2	249
681	»Engel der Geschichte« / Rose und Schwert	6	146
682	Engel schlummern in ihnen	2	199
683	Entlang einer Mauer / ging ich	8	86
684	Er hat seine Masken abgelegt	4	51

Nr.	Titel	Bd.	Seite
685	Er ist der Leib, in dessen Innenraum	1	197
686	Er kam auf linden Flügeln und sah was hier geschah	1	170
687	Er lag und litt. Ich saß an seinem Sterben	2	30
688	Er war ein Lied / seines Landes	3	139
689	Er zieht lange Fäden	2	250
690	Erbarme dich / Herr / meiner Leere	7	70
691	Erblindete Stadt / im Dickicht der Straßen	6	269
692	Erblickst du / die Fata Morgana	8	71
693	Erfahrung sammeln / in Wäldern Bergen	4	19
694	Erhabne Runde! Alle Gipfel glühn	1	90
695	Erhöre meine Bitte / Herr	7	101
696	Erscheine / Kern der Wahrheit	7	100
697	Erwacht / als Stimmen uns trafen	3	70
698	Erzähl mir Alter den keiner mehr kennt	5	29
699	Erzähl mir / deine Träume	6	74
700	Erzengel Luzifer / ich will deinen	3	207
701	Es flog ein Blütenblatt herein	1	159
702	Es gibt noch Lerchen / die nicht verlernt haben	8	83
703	Es heißt / das Meer sei rund	6	40
704	Es heißt / ein Heim haben	6	100
705	Es heißt / zwischen den Zeilen	5	119
706	Es ist alles / anders geworden	5	100
707	Es ist an der Zeit / das Erbe zu verteilen	7	26
708	Es ist ein Schimmer auf der Flur	1	288
709	Es ist nicht wahr / daß du stirbst	4	106
710	Es ist vorbei / Nie / ist es vorbei	6	156
711	Es klopft nicht an die Tür	7	253
712	Es kommen hohe Boten uns entgegen	1	161
713	Es kommt / ein neuer Tag	6	41
714	Es kommt vor / daß man Spiegel	6	183
715	Es kriecht um mich der Autotanz	1	31
716	Es läßt sich leicht feststellen, daß dies Zimmer (Kurzprosa)	3	177
717	Es regen sich der Mütter Liebeshände	1	180
718	Es schneit / in mein Herz	8	135
719	Es scheint – Leid – Leid – weißes Leid zerschneit	1	70
720	Es scheint / Neujahrswünsche	6	61
721	Es starb ein Schöpfer, und die Dinge sind	1	104
722	Es staunt der Fels, der ragt vor seiner Sicht	1	97
723	Es wäre Zeit / ade zu sagen	5	226
724	Es war einmal / ein Ganzes	7	219

Nr.	Titel	Bd.	Seite
725	Es war einmal / ein Märchenerzähler	6	258
726	Es wird dafür gesorgt	8	81
727	Euch / ihr versunkenen Götter	6	302
728	Eva / die Schlangenfreundin	3	174
729	Fäden ins Nichts gespannt: wir liegen wund	1	152
730	Färbt sich schon der Baum	1	87
731	Fahrt / zwischen Haien	3	225
732	Fallen die Welten zu	1	177
733	Farben / die nicht erschrecken	6	144
734	Federn mit gebrochenem Genick	2	203
735	Fest umarmt von allen Dingen	1	262
736	Festtag in Manhattan / der König	6	353
737	Feuer / brannte ein Loch	8	13
738	Fichten wo der Tag / mit Widerhallatem	2	326
739	Fieberndes / schneehohes Babylon	4	76
740	Finsternes Muttermal	8	121
741	Firnen und Föhren / in der Sonne vertieft	2	82
742	Flächen schneiden sich im Augenwinkel	1	274
743	Flieder verführt mich / zum Schwur	6	48
744	Fliegender Atemzug Lippen entlang	1	227
745	Florenz / wunderbare Stadt	7	131
746	Flucht / in Fußspur	6	231
747	Flucht / zur Schlaraffenwiese	8	218
748	Flüchtige Muster Nachmittag auf	8	157
749	Flügel aus dem Ei gebrochen, Samen	2	296
750	Flügge / vom Äther verwirrt	8	203
751	Flüssige Halbkreise / tanzen ununterbrochen	6	112
752	Flugsand / die Stadt steht / im Blitz	7	374
753	Fontänen: / flüssige Vögel	2	292
754	Fortunas / Walzerherz	8	77
755	Fotos / aus der »guten alten Zeit«	4	196
756	Fragt mich nicht / nach meinen Wünschen	5	12
757	Fragt keiner nach den Libellen	4	32
757	Frau Holle / deine Federn	2	143
759	Freiheit / wenn sie dich zwischen	6	331
760	Fremde Dinge wachsen zusammen	5	211
761	Fremder Freund	8	92
762	Fremder verlasse / den verlorenen Ort	7	216
763	Freund / du warst / ein Irrtum	7	312
764	Freund, laß deinen Gram zu Grabe fahren	1	81
765	Freundschaft / mit dem / Mondmann	7	291

Nr.	Titel	Bd.	Seite
766	Freundschaft / mit der Mondin	7	333
767	Friedliche Hügelstadt	6	348
768	Frühling augenerfüllt	7	196
769	Fügsame Landschaft von Sonne und Licht modelliert	2	256
770	Führ uns / aus der Arktis	7	366
771	Funken im Fenster / das Fenster ein Vogel	4	139
772	Gäbe es dich / Gott der Liebe	5	133
773	Gärten haben sich entfaltet	1	243
774	Gassen / hinter den Gassen Gärten	3	31
775	Geadelt / wie kein andrer Mythos	2	221
776	Gebetbänder schützten / nicht	6	77
777	Gebeugt / über den Brunnen	6	250
778	Gebt mir eine Schaufel, der Schnee wächst (Kurzprosa)	3	180
779	Gebt mir / mein Kinderklavier	5	307
780	Gedämpfter Regenbogen flimmert	2	77
781	Gedanken aus Glas	7	212
782	Gedenk der Locken / blond war ihr Haar	6	132
783	Gedichteschreiben / ein Handwerk	5	50
784	Geduldig / die Eselin im Sand	6	241
785	Gefährte aus dem Kolibriland	1	305
786	Gefieder / durchsichtig	7	223
787	Gefräßiges Tier / die glatte Haut / weiß	4	160
788	Gefrorenes Feuer / legt mein	8	110
789	Gefühl des Abstands	6	243
790	Geh den Bienen / aus dem Weg	6	166
791	Geh die Straße entlang	6	385
792	Geh zum Stern / der dir gebührt	5	315
793	Gehen / wohin dein Frageblick	6	17
794	Geht dem Wort voran kommt ihm entgegen	6	328
795	Gekommen die Zeit / ihrer Hochzeit	2	71
796	Gekommen zu sehen	7	155
797	Gelassen / atmet der Tag / sein Ritual	4	133
798	Gelb / leuchtet mir / die Sonnenblume	7	115
799	Gelb und kleinverstreut / als wären wir Wüstensand	2	60
800	Genug / Herz verschleudert	7	356
801	Geschliffener Spiegel / im Teich	6	94
802	Geschmückt / mit dem gelben Stern	5	213
803	Geschundene Haut / in schwarzer Watte	2	154
804	Gesichter / aus dem Spiegel gestiegen	2	237
805	Gespräche / aus Spreu	5	108

Nr.	Titel	Bd.	Seite
806	Gestern nacht / als wieder der	2	227
807	Gestern nacht / schwamm das Meer an meinem Bett	2	145
808	Gestern nahm ich / Abschied von mir	3	125
809	Gestern / weinte der Himmel	8	222
810	Gestürzt / in erstickende Trauer	6	349
811	Gestufte Stadt / im grünen Reifrock	2	16
812	Getauft / vom Regen	8	47
813	Getrennt / vom Satz	8	194
814	Getröstet / vom Wort Versöhnung	6	266
815	Getto / Hungermarsch	8	128
816	Gewandert bis kein / Dach überm Haupt	6	91
817	Geweckt / aus / ehernem Schlaf	7	33
818	Gewohnt / auf den Schultern	3	233
819	Gib auf	7	380
820	Gib Kunde / vom Traum	8	210
821	Gib mir dein knospendes Gesicht	1	131
822	Gib mir / den Blick	5	45
823	Giftige Geister lauern am Weg	1	163
824	Glanz und Schimmer in der Stadt	1	295
825	Glasklare Tage / die Astern halten das Haupt hoch	2	46
826	Gleichzeitig Profile / dem Großaug	2	294
827	Gleise verschoben / der Zug fährt rückwärts	3	214
828	Gletscher / die blaue Himmelshöhle	7	40
829	Glitzernde Vögel / im Flug	3	199
830	Glorreiche Nacht / kommen Sterne	6	196
831	Glorreiche Namen / deiner Schulpflicht	7	27
832	Goldene Schleier liegen auf deinen Wangen	1	222
833	Goldener Schmutz / Mosaik aus Palazzi und Wellen	2	291
834	Goldgehäuse / aus Vogelruf und Spinnenweb	7	329
835	Goldne Becher rollen auf dem Grunde	1	179
836	Goldne Gespenster / volle Kelche	7	208
837	Goldne Tage / zieren die Erde	5	192
838	Gotisch türmt sich die Stadt	2	111
839	Gott der Finger und Lippen	4	161
840	Gott gab ihnen seinen Garten	1	248
841	Gott / sagt der Mensch	5	215
842	Gott / Schöpfer aller Dinge	7	124
843	Grammatik / meine Alchemie	6	337
844	Gras und Sonnenlaub	2	61
845	Großäugig / ein Kind	6	275
846	Großgmain / schönes Baumgmain	7	47

Nr.	Titel	Bd.	Seite
847	Großstadt / ihre grünen Pausen	6	225
848	Grün / die zahllosen Flügel	6	105
849	Grüne Erde / lehr uns ein paar	6	108
850	Grüne Kugel / noch einen Tag eine Nacht	5	56
851	Grüne Kugel / schwarze Kugel	6	377
852	Grüne Mutter / Bukowina	4	130
853	Grüner Walddiamant	6	347
854	Gute Nacht / Sterne erwachen	4	166
855	Hab / alle Gesetze / gebrochen	7	359
856	Häng eine Regenbogenfahne	5	117
857	Häuser zusammengerückt / klettern übereinander	3	100
858	Hallelujah / irdisches Wort	4	108
859	Halt dich fest / an einem Zipfel der Erde	2	183
860	Halte mich in deinem Dienst / lebenslang	4	16
861	Hamlet / haßte die Mutter	5	138
862	Handgrün mit hellen / Adern	5	36
863	Hast du eine / neue Legende erfunden	6	327
864	Hast du endlich erlernt deine Rolle	2	314
865	Haus mit durchbrochenen / Wänden	3	150
866	Heimatfremde / Tischleindeckdich	4	128
867	Heimatfremde / Tischleindeckdich	6	180
868	Heimatlosigkeit / dir fremde Heimat	6	381
869	Heimgekehrt / in die Fremde	6	23
870	Helles Herbstbild. Goldne Härten	1	25
871	Hemmungslos wie Wasserfälle	1	267
872	Herbst sagst du	2	298
873	Herbst / sein spröder Geist	6	255
874	Hereingefallen / sind wir	7	265
875	Hermetische Blumen / die Knochen der Stadt	2	220
876	Herr und Heimat / die Hormone des Herzens –	2	49
877	Heute / hat ein Gedicht	5	62
878	Heute ist die Gasse ein / Kinderkarussell	2	251
879	Heute ist / die Haut der Erde	6	313
880	Heute Morgen / habe ich mich	5	175
881	Hier auf der Insel, wo die hohen Träume	1	26
882	Hier bin ich / ein Kind	6	161
883	Hier / fällt kein Apfel	6	59
884	Hier und dort / der Wald	3	69
885	Himmel / aus Wasser	6	367
886	Himmel floridablau / wucherndes Grün	6	351
887	Himmel, Märchenfreund, wie spielen wir in deinen Ätherräumen	1	200

Nr.	Titel	Bd.	Seite
888	Himmelweite / Begegnung	4	135
889	Hinter allen Worten / das Schweigen	6	44
890	Hinter dem Himmel	6	102
891	Hinter der Montagsmauer	2	316
892	Hinter der Wand / atmet	5	22
893	Hinter erblindetem Fenster / was sich abspielt im Zimmer	4	197
894	Hinter meinem Frohsinn	8	84
895	Hölderlin / um Gerechtigkeit ringender	4	38
896	Hörst du / das Winterherz	8	161
897	Hörst du / die Flöte	7	99
898	Hörst du / mit heller Stimme	7	342
899	Hohe Spitzenhandschuhe / trommeln auf	2	132
900	Hohl das Haus / auf dem Hügel	4	186
901	Holdes Wunder einer Blume	1	95
902	Holt ihn wieder zurück / jenen	6	316
903	Honiggelbe / Sonnenfedern im Fenster	4	37
904	Hügel hüpfen / grünen Flaum auf den Wangen	2	338
905	Hunderthäuptig / ein Moloch	2	295
906	Hungerworte / verschlingen	7	241
907	Hurra / brüllen brave Soldaten	5	193
908	Ich atme / das El Dorado	6	142
909	Ich atme Gedichte / im fliegenden Bett	4	22
910	Ich behaupte alles	7	161
911	Ich bekenne mich / zu dir	8	89
912	Ich bekenne mich / zur Erde und ihren	3	263
913	Ich betrat einen Raum, der leer war (Kurzprosa)	3	184
914	Ich bewaffne mich / mit einem Fisch	3	131
915	Ich bin blind / ein Vorübergehender sagt	3	204
916	Ich bin der immerfort berauschte Zecher	1	74
917	Ich bin der Sand / im Stundenglas	7	98
918	Ich bin / der unbekannte Soldat	8	122
919	Ich bin / die Königin der Nacht	7	113
920	Ich bin die Priesterin der Weizenähren	1	293
921	Ich bin ein Auge für und für	1	93
922	Ich bin ein Baum	6	206
923	Ich bin ein Baum / und atme mein	7	81
924	Ich bin ein Dieb. Ein Tagedieb (Kurzprosa)	3	182
925	Ich bin ein Kind	6	295
926	Ich bin / ein Schatten	6	181
927	Ich bin / ein Schatten	4	218

Nr.	Titel	Bd.	Seite
928	Ich bin ein Zirkuskind / spiele mit Einfällen	5	260
929	Ich bin eine Biene muß täglich Blumen berauben (Kurzprosa)	3	178
930	Ich bin eine Weltreise / aus Briefen	5	273
931	Ich / bin / eine Koralle	7	344
932	Ich bin / im innern Rom / geboren	7	123
933	Ich bin im Zimmer / es ist in mir	3	254
934	Ich bin in deinen Atem eingegangen	1	240
935	Ich bin / in ein purpurnes / Glas genäht	7	315
936	Ich bin in meinem Raume urallein	1	232
937	Ich bin jung / wie die alte Welt	5	281
938	Ich / bin Kain	7	270
939	Ich bin König Niemand	3	132
940	Ich bin / mit allem einverstanden	5	52
941	Ich bin mit Füchsen / gesegnet	7	301
942	Ich bin / mit jedem Du / verwandt	7	352
943	Ich bin / mit meinem Wort	7	62
944	Ich bin nicht / Ganymed	5	243
945	Ich bin / schon lange verschollen	7	284
946	Ich bin vom Stamme Levy	8	93
947	Ich bin weit entfernt / von mir	6	287
948	Ich bleibe im Bild	7	199
949	Ich bringe euch / Worte	6	25
950	Ich danke / den Göttern	7	281
951	Ich denke / an die Eltern die mich verwöhnten	5	49
952	Ich diene / meinem Schmerz	5	168
953	Ich Dulcinea / warte auf meinen Ritter	6	201
954	Ich / eine kleine Blume	7	273
955	Ich entdecke / im Herzen der Sonne	7	290
956	Ich erlaubte dem Wind / durch meinen Sprachraum	4	116
957	Ich erstand ein Maschinengewehr um mich gegen Fliegen	4	11
958	Ich erwache / Der Traumfaden	5	131
959	Ich feiere das Wiegenfest meines Sohnes (Kurzprosa)	3	191
960	Ich finde / was ich nicht suchte	7	30
961	Ich fische Muscheln aus dem Meer	1	233
962	Ich fliege / durch die Zeit	5	304
963	Ich fliege zu euch / mit einem Vogelwort	4	164
964	Ich flüchte / in dein Zauberzelt	5	21
965	Ich freue mich / weiß nicht warum	4	203
966	Ich / fühl es	7	319

Nr.	Titel	Bd.	Seite
967	Ich führte damals ein Doppelleben. Tagsüber war . . . (Prosa)	4	227
968	Ich geh / mit meinen fremden Füßen	7	130
969	Ich gehe ihm aus dem Weg / laufe ihm in den Weg	3	159
970	Ich gehe / im Bett / spazieren	7	348
971	Ich gehe im Bett spazieren besteige eine Wand (Kurzprosa)	3	183
972	Ich gehe in meiner / gespiegelten Welt	5	210
973	Ich gehe von Haus zu Haus / Bettelmönch	4	55
974	Ich gehöre dir / Fremder	6	186
975	Ich ging in dich hinein wie in ein Feld	1	117
976	Ich glaube an die Wunder	5	93
977	Ich glaube / Liebe deinen Nächsten	7	69
978	Ich glitt durch Dimensionen in den stillen	1	239
979	Ich hab / ein Wort gefunden	7	116
980	Ich hab / mich vergessen	7	147
981	Ich hab nicht sein geblähtes Flitterblau	1	290
982	Ich habe Angst / vor mir	5	233
983	Ich habe / dich geliebt	7	80
984	Ich habe dich / immer gesucht	5	218
985	Ich habe die Märchen vergessen (Kurzprosa)	3	181
986	Ich habe die Schrift geprüft	8	199
987	Ich habe ein Auge verscherzt / bei der Durchsicht	3	107
988	Ich habe einen Dom geerbt	2	214
989	Ich habe einen Spruch für dich verfaßt	6	97
990	Ich habe einmal / an meinen Schatten geglaubt	4	195
991	Ich habe Flügel und / viele Gestalten	6	272
992	Ich habe ihre Schreie / gehört	8	117
993	Ich habe immer alles so begehrt	1	241
994	Ich habe keinen Respekt	5	41
995	Ich habe mein Kind / begraben	5	245
996	Ich habe mich / in mich verwandelt	3	104
997	Ich habe Neapel gesehen	6	363
998	Ich habe nichts als / die Nacht aus	2	281
999	Ich habe / noch nicht aufgehört	7	324
1000	Ich haltloser Elektronenkörper	7	210
1001	Ich höre das Herz / des Oleanders	5	103
1002	Ich hole die Kastanien / aus dem Feuer	7	61
1003	Ich kann nicht schlafen / aber	5	259
1004	Ich kehre zurück / zu den Puppen des Alltags	5	301
1005	Ich klage / zieh meine Klage zurück	7	148

Nr.	Titel	Bd.	Seite
1006	Ich komme / mit Dornenfragen	3	25
1007	Ich komme zu mir / mit leeren Händen	8	159
1008	Ich komme zurück / zum Brunnen	6	329
1009	Ich krieche / zwischen Gebeten	7	37
1010	Ich küsse dich Nacht / meine träumende Heimat	6	320
1011	Ich lasse mich tragen / von den Tagen	2	78
1012	Ich lausche / dem Monolog des Mondes	7	272
1013	Ich leb' im Tal du wohnst auf einem Berge	1	114
1014	Ich lebe allein / mit dem Lied	5	104
1015	Ich lebe dich / in mich herein	6	98
1016	Ich lebe in einem Raum / aus Briefen	8	172
1017	Ich lebe in einer Zelle	6	189
1018	Ich lebe in meiner / Verwesung	8	127
1019	Ich lebe ortlos / in meinem Bett	6	167
1020	Ich lebe wieder / die verlorene Zeit	5	80
1021	Ich lege dich / an meine Stirn	7	97
1022	Ich lege die Korallen deiner Worte	1	133
1023	Ich lehne / an einer Wand	7	226
1024	Ich liebe / Berge Bäume Blumen	4	144
1025	Ich / liebe dich / schnurrender Mond	7	318
1026	Ich liebe jeden Tag	5	194
1027	Ich liebe meinen Ritter der mit Mühlen kämpft	2	25
1028	Ich / liege / im Schatten	7	367
1029	Ich liege / mit der Mondsichel	7	321
1030	Ich mache / einen eigenen Raum	7	177
1031	Ich möchte ein Magnolienbaum sein / Jahrhunderte alt	6	154
1032	Ich möchte ein Magnolienbaum sein / jeden Mai blühen	6	24
1033	Ich möchte etwas sagen / ein Wort	4	154
1034	Ich möchte euch segnen	5	31
1035	Ich möchte mich / ins wahre Leben	6	340
1036	Ich möchte reden / doch ich kann nicht	7	122
1037	Ich / Mosestochter	7	323
1038	Ich nehme Zuflucht / zur Flucht	4	143
1039	Ich öffne / alle Türen	6	57
1040	Ich öffne das Fenster	5	219
1041	Ich öffne mein Zimmer	7	229
1042	Ich rede / von der brennenden Nacht	4	212
1043	Ich reite durch den reifen Raum	1	77
1044	Ich sage allen / bleibt mir vom Leibe	7	185

Nr.	Titel	Bd.	Seite
1045	Ich sage / du und ich	5	33
1046	Ich sage nicht / und weiß nicht	7	205
1047	Ich sah im Traum dich auf der Totenbahre	1	119
1048	Ich salze meine Suppe mit Krokodiltränen (Kurzprosa)	3	190
1049	Ich sammle / meine Verluste	7	279
1050	Ich schäle den Tag / harte Nuß	6	121
1051	Ich schlage die Zeit tot / mit dem Hammer	4	137
1052	Ich schließe / den Himmel	7	190
1053	Ich schmücke / einen Osterbaum	7	292
1054	Ich schneide grün die Bäume	6	14
1055	Ich schreibe / auf meine Handfläche	7	45
1056	Ich schreibe / das letzte Kapitel	8	119
1057	Ich schreibe mich / ins Nichts	6	148
1058	Ich schüttle / einen Apfel / vom Traum	4	222
1059	Ich seh mir alle Augen wund / an Wunden	6	286
1060	Ich sehe / eine Insel	8	223
1061	Ich sehne mich / nach Licht und Liebe	7	121
1062	Ich sing das verbotene / Apfellied	3	220
1063	Ich spanne / eine Seufzerbrücke	7	330
1064	Ich spiele wieder / mit der Ferne	6	212
1065	Ich spüre / den klaren Zug	7	96
1066	Ich such dich / im Lande meiner Träume	8	228
1067	Ich suche dich mit tausend Seelen	1	140
1068	Ich suche / die Grenze	7	240
1069	Ich suche Gott / und finde ihn	7	120
1070	Ich tanze auf Eis / Wind mein Partner	6	265
1071	Ich träume dich / Freund	8	230
1072	Ich träume mich satt / an Geschichten	6	339
1073	Ich trag meine Urne / verläßliche Uhr	4	49
1074	Ich trete durch das Goldportal	1	284
1075	Ich trete ein / in meine Augen	5	177
1076	Ich trete in den Mittelpunkt des AMEN	1	307
1077	Ich tröste mich / mit dem geträumten Meer	4	142
1078	Ich vergesse dich nicht / König David	6	88
1079	Ich vergesse nicht / das Elternhaus	5	217
1080	Ich verliere mich / im Dschungel der Wörter	3	213
1081	Ich verliere mich / im Nichts	7	164
1082	Ich verzichte / auf den Glanz	7	95
1083	Ich verzichte / nicht / auf Blumen und Musik	5	221
1084	Ich / Vogel Ohneziel / mein Nest	5	224

Nr.	Titel	Bd.	Seite
1085	Ich wähnte schon es sei des Lebens Ende	1	281
1086	Ich wandere / zum Herzen des	6	213
1087	Ich war / ein Vogel	7	295
1088	Ich war einmal ein Hund	2	103
1089	Ich war einmal / in Spanien geboren	6	357
1090	Ich wehre mich / gegen mich	8	219
1091	Ich weiß, du bist ein Herz voll junger Rosen	1	211
1092	Ich weiß nicht wie es kam	2	306
1093	Ich werde / die Nüsse / nicht zählen	7	363
1094	Ich werde neue Wälder wachsen lassen	1	169
1095	Ich werde nicht müde / anzuschaun	3	89
1096	Ich werfe dir zu / einen Gedanken	6	34
1097	Ich widme mich / dem Feuer dieser Tage	7	112
1098	Ich will Geliebter jene Wege finden	1	253
1099	Ich will nicht / nach deiner Pfeife tanzen	6	47
1100	Ich will / noch einmal	7	132
1101	Ich wohn / auf einer Toteninsel	7	335
1102	Ich wohn / auf einer Zauberinsel	7	289
1103	Ich wohne im ersten Stockwerk im ersten Haus (Kurzprosa)	3	187
1104	Ich wohne im Niemandshaus / mit Vögeln	6	169
1105	Ich wohne in einer Stadt	6	150
1106	Ich wollte dir / eine Rose dichten	8	168
1107	Ich zähle die ersten / Buchenblätter und lege	3	152
1108	Ich zog aus / das Leben lernen	7	251
1109	Ich zog aus / das Leben zu lernen	6	178
1110	Ichworte Duworte / die dich verwandeln	5	109
1111	Ihr Häuser namenlos mit verrauchten Augen	2	245
1112	Ihr fünf Steinfrauen	2	14
1113	Ihren langen Atem / schenkt sie Welten	4	40
1114	Im Abendwinde schaukeln Blumenschwärme	1	167
1115	Im anonymen Zimmer / mein Zelt aufgeschlagen	3	259
1116	Im Aschenregen / die Spur deines Namens	4	97
1117	Im Baum / die Amsel / singt	5	220
1118	Im Boot / sind Fischer und Beute	5	272
1119	Im Dickicht den / Weg verlieren	8	45
1120	Im echten Kunstgriff / erfunden	5	242
1121	Im endlosen Uhrwerk / das Märzrad	8	58
1122	Im Fenster steht die Landschaft	4	187
1123	Im feuchten Reich die dunklen Schichten	1	273
1124	Im Flug / das Weite suchen	4	156

Nr.	Titel	Bd.	Seite
1125	Im Frühling und Sommer / bereitet vor dem Fest	6	217
1126	Im Frühling / verkaufe ich	6	113
1127	Im Garten / atmet die Zeit / freier	7	44
1128	Im Geäder des Tags	2	263
1129	Im Gedankenlicht / les ich die Schrift des Verborgenen	5	251
1130	Im Geschäft wo / alles vorrätig ist	8	55
1131	Im / Glaswald verirrt	7	371
1132	Im goldgeweinten Nachmittag	2	63
1133	Im Herbst / sind die Häuser	3	137
1134	Im Herzen der Welt / schneidet er	4	48
1135	Im Heuschreckenland / verhungerten wir	1	156
1136	Im Himbeerbeet / blüht Deine Trauer	6	21
1137	Im Himbeerstrauch / dein Gesicht	8	143
1138	Im Himmel / wo die Welten / blühn	7	79
1139	Im Hof die Frauen / mit Bingo und	6	267
1140	Im Käfig / stellt er sein Hungern	5	140
1141	Im Kerker / ich träume / den Apfel	3	29
1142	Im Königreich der Luft / atmet die Poesie	6	126
1143	Im Körper die Körperchen	8	44
1144	Im Laub noch schlägt / elegisch / die Nachtigall	5	145
1145	Im Leuchtfeuer des Abendrots	7	264
1146	Im Louvre hängt das	8	205
1147	Im Märchenland / blüht die Poesie	7	94
1148	Im Maskensturz / das fünfsinnige Hier	8	213
1149	Im Meer / wartet / eine Arche	3	133
1150	Im Morgenland / als Prinz Jusuf geboren	5	44
1151	Im Mund des Mondes / wachsen Legenden	7	297
1152	Im Nebelhemd / die Sonne	2	193
1153	Im neuen Jahr / grüße ich	6	69
1154	Im nördlichen Park	4	33
1155	Im Osten des Herzens / geht die Güte auf	2	300
1156	Im Pruth hüpften die	8	204
1157	Im Regenrock / Blick betränt	7	163
1158	Im Schatten der Mütter / haben Kinder	3	241
1159	Im Schneefest / festgefroren das Glück	5	214
1160	Im Schneehemd / fallen flüchtende Engel	6	245
1161	Im seidigen / Maigrün / einer Frühlingsnacht	7	78
1162	Im Siebenmeilenschlitten	7	170
1163	Im Silberdunst / am Horizont	5	54
1164	Im Sommer / hör ich die Bienen	7	277

Nr.	Titel	Bd.	Seite
1165	Im Sonnengold / dies bunte Muster	5	270
1166	Im Spiegel verschoben / mein Gesicht	7	162
1167	Im Spiel der grünen Kräfte	7	167
1168	Im Tautropfen / das Auge Tausendschön	8	29
1169	Im Traumorient / vieltausend Nächte	5	181
1170	Im übersättigten / Hungerjahrhundert	3	231
1171	Im Umkreis / meiner Liebe / zum All	7	77
1172	Im unendlichen / Blau oder Grau	6	174
1173	Im verbrannten Hof / steht noch der Brunnen	3	235
1174	Im vergänglichen Trug	7	159
1175	Im Wanderwald / wachsen	8	96
1176	Im Windbrunnen / ertrinken	8	52
1177	Im wunden Wald / wo die Vögel schweigen	2	179
1178	Im Zaubertraum / als Vogel im Flug	5	115
1179	Im Zeiten- / Karussell	6	371
1180	Im Zimmer duften die Levkojen	5	248
1181	Im Zimmer voll nichts und voll niemand	2	282
1182	Immer blühen heilige Gärten	1	257
1183	Immer brennt mir / ein Stern im Aug	2	159
1184	Immer geht Atlantis unter	2	264
1185	Immer komm ich / zurück	6	188
1186	Immer neu / Blüte / Gras	7	215
1187	Immer / neue Schönheiten	6	138
1188	Immer offen / der Kreis	4	194
1189	Immer sind es Bäume / die mich verzaubern	8	25
1190	Immer sind es / die Menschen	6	190
1191	Immer singt der Samowar	4	71
1192	Immer träume ich Zurück / zu deinen Städten	6	239
1193	Immer träumte ich nach Prag	5	55
1194	Immer verbunden / mit dem Nichts	8	112
1195	Immer von neuem sterben / und auferstehen	5	269
1196	Immer von sich weglaufen	5	209
1197	Immer warte ich / auf Wunder	7	93
1198	Immer wieder / hinausschieben	8	216
1199	Immer zählen / und rechnen	5	250
1200	In Afghanistan wachsen Teppiche	4	73
1201	In allen Hallen plappern Uhren	2	236
1202	In allen Ländern / hausen Barbaren	6	172
1203	In allen Richtungen / fliegen	4	171
1204	In Blut und Wasser geboren	3	247
1205	In das Mondhorn / blase ich	7	296

Nr.	Titel	Bd.	Seite
1206	In deinem Herzen wächst das zarte Licht	1	296
1207	In deinen Augen steht das Wort geschrieben	1	110
1208	In den Abgrund sinken / abgelegte Epochen	2	229
1209	In den Hundstagen	6	249
1210	In den Katakomben des Schlafs	2	131
1211	In den Tag gehn	7	156
1212	In den Vergißmeinnichttagen	2	37
1213	In den Wind geschlagen	7	246
1214	In der beschützten Stadt / giebelrotes Gassengebirge	4	80
1215	In der Drachenwohnung / haben wir uns eingerichtet	3	164
1216	In der Eulenzeit / leben wir	4	96
1217	In der Fremde / daheim	6	27
1218	In der größten Stadt den Herbst erfahren	1	218
1219	In der Hütte / am entlegenen Ort	2	329
1220	In der Milchstraße	8	32
1221	In der Mitte der Metropole	2	165
1222	In der Mondsubstanz / aus geborgtem Licht	2	278
1223	In der Nacht trat ein Schatten an mein Bett	2	83
1224	In der Nachtkrippe / schaukelt	2	138
1225	In der Nebelzeit / aus Nebelgeschlecht	6	56
1226	In der Sänfte / gleite ich	7	320
1227	In der Schlacht / geschlagen	3	154
1228	In der Sonne ist die Gasse erregt	5	208
1229	In der Spirale / aus Rauch	2	13
1230	In der Tonne wohnen / wie jener Grieche	6	300
1231	In der Vase / das Rosenherz	6	288
1232	In der Wintersonne	7	238
1233	In die Urne Erinnerung / zurückgelegt den Weg	3	54
1234	In dieser Rauchzeit / ist der Glaube erstickt	8	160
1235	In Dornenadern / das geklärte Blut	2	273
1236	In einer dunklen Zelle / wohnt der Wahn	6	114
1237	In einer / Festung aus Büchern	7	76
1238	In einer Mainacht / mir anvertraut	4	63
1239	In erträumten Türmen	3	47
1240	In grüner Gracht / dein Gesicht	2	201
1241	In Hast / Wind / ein Gespräch mit dir	3	67
1242	In hermetischer Stille / begraben	4	39
1243	In jenen Jahren / war die Zeit gefroren	2	333
1244	In kalten Nächten wohnen wir	2	28
1245	In meinem Auge, das nur Abend schaut	1	98

Nr.	Titel	Bd.	Seite
1246	In meinem Rücken / atmet die Welt	5	204
1247	In meinem Turm schloß ich mich selber ein	1	277
1248	In meinem Zimmer / rosenhäutig	6	18
1249	In meinen Tiefträumen / weint die Erde / Blut	5	96
1250	In meiner Stube wird es dämmernd still	1	286
1251	In meiner / Traumorchidee / spüre ich	7	75
1252	In schwarzen Kutten	6	308
1253	In seinen Trichter / fallen Töne	4	46
1254	In Stunden zerstückelte Zeit	2	202
1255	In uns / fließt das Blut	6	214
1256	In unserm Herzen ist die Nacht zu Haus	1	155
1257	Ins zauberische Schneefeld pflanzen	2	96
1258	Irre / angeln / den Mond	7	249
1259	Isoliert / dem Fuchs verfallen	7	21
1260	Ist dein Gedicht / nicht Kristall	4	25
1261	Italien / mein Land der Terrassen und Trauben	2	290
1262	Italiens Zypressen / neigen sich nicht	6	374
1263	Ja sagen / zum Leben	4	82
1264	Jahre und Jahre / aus der schnellebigen Zeit	6	136
1265	Jahrzehnte / in die Wangen gekerbt	3	243
1266	Januar / das neue Jahr	5	118
1267	Jede Berührung belohnt	8	148
1268	Jeden Nachmittag / auf derselben Bank	2	38
1269	Jeden Tag / kommt der Briefträger	6	199
1270	Jeden Tag sterbe ich	8	115
1271	Jeder Tag / zündet sein eigenes Licht an	6	29
1272	Jenen / verlorenen Zeiten	7	278
1273	Jener Berg / aus metallenen Bäumen	6	46
1274	Jenseits der Regenländer / lebt die erlauchte Fee	2	181
1275	Josef / umarmt den Staub	8	229
1276	Jüdische Zigeunerin / deutschsprachig	5	203
1277	Jung und schön / sie hatte schon	8	104
1278	Käfer im Bernstein verewigt	2	44
1279	Kamillen / Die grünen Jahre	2	304
1280	Kam nicht heim / die Mutter	3	138
1281	Kann es sich nicht begeben	2	169
1282	Karpatenschnur / am Kinderhals	2	174
1283	Karpfen liegen auf dem Rücken	1	184
1284	Karussell / im sausenden Kerker	4	170
1285	Katze aus Schnee / Bernstein aus Schlaf	8	120
1286	Kein Augenblick / verloren	8	227

Nr.	Titel	Bd.	Seite
1287	Kein Requiem / die Toten behalten	5	283
1288	Kein Wieder-Wiedersehn / die Heimat	4	102
1289	Keine andere Botschaft als / Wiederholung?	3	38
1290	Keine Blumen gepflanzt / das sei überflüssig	3	242
1291	Keine Gedichte / im Augenblick	7	267
1292	Keine Schachspielreime / Kein Rösselsprungbrett	4	190
1293	Keinem Sturm gefällig, steht die Mauer	1	300
1294	Keinezeit keinezeit keinezeit	2	40
1295	Kennst du / das Märchen	5	279
1296	Kennst du / den Zauber	7	92
1297	Kennst du / die algebraische Formel vom Leben	5	240
1298	Kennst du die Straße / die zum Hades führt	6	66
1299	Kennst du die Worte / zu den Melodien	6	135
1300	Kennst du meine Adersprache	8	94
1301	Kennt ihr Pablo Neruda / den Freund	6	149
1302	Kleine japanische Birne	8	16
1303	Kleine reizende Eidechse	6	298
1304	Klopft die Taube ans Fenster	3	35
1305	König Tag / hat sein Tagwerk / getan	7	9
1306	Königlich arm / den Wortschatz	4	95
1307	Königskerzen in Brand	8	41
1308	Komm / einen Atemzug näher	7	91
1309	Komm Engel / treib uns	7	339
1310	Komm Freund / dieser gewundene Weg	5	157
1311	Komm, laß uns lautlos in den Abend gehn	1	67
1313	Komm mit Hochzeitsjuden / zum Taschtuchtanz	3	219
1313	Komm mit mir / ins Wolkenkuckuckshaus	5	227
1314	Komm Vogelgedanke / niste in meinem Ohr	5	246
1315	Kommt / der König des Karnevals	7	365
1316	Kommt ein Vogel / ans Fenster	6	317
1317	Kommt nicht / verspätet / again and again	2	122
1318	Kommt nicht wieder / die Zeit	4	220
1319	Kommt wieder / die unerwartete Landschaft	2	212
1320	Kostbar der Herzschlag / jeder Minute	4	206
1321	Kostbarkeiten in den Kammern	2	22
1322	Krähenschrei / Schnee wächst wie eine Blume	7	302
1323	Kränze / aus Flocken	3	37
1324	Kraft an Kurven geübt / der Wind hat	4	74
1325	Kranz im Wind / Nebelflagge	6	285
1326	Krause Dinge scharfe Lichter	1	278
1327	Kreis an Kreis in Kreisen	6	356

Nr.	Titel	Bd.	Seite
1328	Kreisschwarze Botschaft / der Raben	6	380
1329	Kreuzwege / Krümmungen	4	126
1330	Kristalle / unregelmäßig	4	189
1331	Küste Schiffe und Matrosen	2	23
1332	Kugel grüne / noch einen Tag	7	242
1333	Kugeln / aus Prismen und Luft	4	64
1334	Ladenmädchen / Gestelle aus	2	238
1335	Länder aus Papier	2	196
1336	Längst sind die Toten / auferstanden	7	228
1337	Land verloren / die vertrauten Dinge	3	128
1338	Landschaft die mich / erfand	4	72
1339	Landschaft vom Wasser getüncht der Wind	2	247
1340	Lang hab ich dir zugesehn / Welt	4	23
1341	Langweile / was ist das	5	57
1342	Lassen wir vielleicht das bißchen Stolz	1	59
1343	Lausch dem Läuten / der großen Glocken	6	233
1344	Laute Träume / weckten	7	224
1345	Lauter das Oval	2	195
1346	Laß das Kennwort / aufblühn	3	108
1347	Laß die friedlichen Pappeln	8	131
1348	Laß es geschehen / Himmlischer	6	101
1349	Laß mich / dir entgegenblühn	7	74
1350	Laß mich finden / das Urwort	7	152
1351	Laß mich / nicht allein	7	90
1352	Laß mich nicht allein / Meine Sorgen	7	63
1353	Laß uns / die Schlange einschläfern	6	75
1354	Laß uns, Sterne der Gnade, nicht vergessen	1	175
1355	Laßt mich mit meinen / verschollenen Legenden	3	161
1356	Laß uns einziehn / ins Glockenhaus des Märchens	5	113
13557	Laßt uns feiern / den Flug	4	53
1358	Laßt uns sein / was wir sind	6	187
1359	Laßt uns spielen / ehe der Lebenstraum einschläft	5	70
1360	Leben will ich / halten das Leben	5	64
1361	Lebloses Wasser das / alles Lebende	8	113
1362	Leergelebte Reminiszenzen	8	118
1363	Leg meinen Traum / zu deinem	5	85
1364	Leiter aus Schatten und Äther	1	270
1365	Letzte Wiederkehr / ins Nichts	7	274
1366	Lichter strahlenentsandt	2	58
1367	Lichter im Fenster / das Fenster ein Vogel	5	297
1368	Lichtfarbner Falter / Flügel verwirrt	5	37

Nr.	Titel	Bd.	Seite
1369	Liegen wir nicht / begraben unter den Steinen	2	73
1370	Lilienbach / und / Abendwiese	7	353
1371	Luft / die flüchtende	5	296
1372	Luftländer / mit wunderbaren / Trapezen	4	129
1373	Luna / tote Mondgöttin	5	298
1374	Lyrik / schüttle die Wörter	2	209
1375	Mach dir keine Sorgen / um meinen Tod	4	84
1376	Mach leicht meine Landschaft	2	325
1377	Mach wieder / Wasser aus mir	4	85
1378	Mädchengesicht / aus sechzehn Jahren	2	157
1379	Mählicher morgender Schein schneit wie ein Nachtalp herein	1	32
1380	Magische Macht / einer Stunde	5	11
1381	Mai / mein Monat	4	152
1382	Mai / mein Monat / du streust	7	73
1383	Man brachte mich / ins Verlies	5	176
1384	Manche haben sich gerettet	2	334
1385	Manche Worte / strahlen	7	188
1386	Manchen Antennen / vertrau ich	6	273
1387	Manchmal bin ich / die Herzkönigin	6	153
1388	Manchmal erwachst du als Gasse	6	153
1389	Manchmal möchte ich allein und ungestört sein (Kurzprosa)	3	195
1390	Manchmal / spricht ein Baum	6	35
1391	Manchmal / wenn die Nacht	4	147
1392	Manhattan ruht	3	48
1393	Margerite ich rupfe und / zähle die Liebe	6	235
1394	Masken die wechseln, je nach der Witterung (Kurzprosa)	3	189
1395	Meer und Hudson reichen sich die Hände	1	28
1396	Mein Architekt / baut Mauern	8	149
1397	Mein / aus der Verzweiflung	5	171
1398	Mein Blick ist rund, rund wie der Himmelsrand	1	254
1399	Mein Flügelbett / fliegt mit mir	4	75
1400	Mein Freund und ich / sind einverstanden	7	67
1401	Mein Gedicht / ich atme dich / ein und aus	4	18
1402	Mein Handwerk hat / einen papiernen Boden	8	196
1403	Mein Haus aus Schnee / schmilzt / die Flügel welken	5	249
1404	Mein Heiliger / heißt Benedikt	5	263
1405	Mein Heimweh / ist ein Stacheltier	7	316
1406	Mein Herz erschauerte wie eine Saite	1	138

Nr.	Titel	Bd.	Seite
1407	Mein Herz erträgt nicht solchen Höhenzug	1	209
1408	Mein Herz ging nackt umher in diesen vielen	1	136
1409	Mein Herz ist voller Muße	1	271
1410	Mein Leben lebt durch deine Liebe auf	1	39
1411	Mein malendes Leben / ich schöpfe Licht	4	41
1412	Mein Meer / bewahrt mir die Treue	8	139
1413	Mein Papiertempel / aus Palästine	3	175
1414	Mein Schlüssel / hat das Haus verloren	3	156
1415	Mein schwarzer Riese	2	270
1416	Mein Stern hängt / an ihrer Nabelschnur	5	66
1417	Mein ungebornes Kind, das ich einst träumte	1	302
1418	Mein Tulpenland / ein Reich ohne Raum	3	40
1419	Mein Vaterland ist tot	5	98
1420	Mein Volk	8	226
1421	Mein Zimmer / hat viele Türen	3	209
1422	Mein Zimmer / voll leerer Käfige	4	175
1423	Meine Ahnen / waren unbescholten	7	72
1424	Meine bemoosten Finger / halten den jungen Stift	4	26
1425	Meine Farbe ist weiß	5	277
1426	Meine Freundin am Strand	2	255
1427	Meine gefrorenen Worte	6	31
1428	Meine Haut / tätowiert / mit verworrenen Zeichen	3	232
1429	Meine Liebe zum Geheimnis	5	212
1430	Meine Mutter ist / mein Beichtvater	6	211
1431	Meine Mutter / schenkte mir die Erde	6	314
1432	Meine Mutter war einmal ein Reh	2	317
1433	Meine Tochter zürnt mir	6	251
1434	Meine Träume errreichen nicht / den Himmel	5	280
1435	Meinen Namen verloren / im Dunkel	4	217
1436	Melancholie / dein Suchen nach Menschen	7	160
1437	Melancholie / vorabendblau	3	240
1438	Melancholie / wenn die gleichen Wörter zu dir	6	277
1439	Melancholischer / Mond / über / Slums	3	50
1440	»Melonie« / »Minka« vergessen	5	144
1441	Mensch Schlage Berg der Vogel	6	128
1442	Menschen haben mir / mein ich verboten	7	48
1443	Menschen / singen kommen zusammen	5	195
1444	Merkst du nicht	8	147
1445	Messing des Mondes / Du	3	251
1446	Mich trösten / kindliche Träume	7	304
1447	Milch des Morgens / sickert durchs Fenster	5	114

Nr.	Titel	Bd.	Seite
1448	Mimosen lege ich / zwischen die Zeilen	8	87
1449	Mir träumte / ein Freund sei gekommen	5	123
1450	Mit abertausend Gesichtern / Wolkenwangen	7	24
1451	Mit abertausend Lampen und Laternen	1	30
1452	Mit allen Worten / die Sprache des Geistes	5	17
1453	Mit alten und neuen / Landschaften	4	198
1454	Mit blinden Sternen	8	155
1455	Mit dem Akazienduft	6	16
1456	Mit dem Dornbusch / warten	5	40
1457	Mit dem Erlkönig / reiten	6	261
1458	Mit dem Gedankenrad / sich drehen	5	126
1459	Mit dem lungenkranken Dichter / litt ich im Ghetto	5	15
1460	Mit dem Maulwurf hab ich mich verbrüdert	2	285
1461	Mit dem Rotstift / kreuze ich die Festnächte an	6	338
1462	Mit dem Sieb / schöpfe ich Wasser	3	228
1463	Mit dem Tag / in die Nacht ziehn	4	98
1464	Mit dem Tod verlobt / ins Leben verliebt	5	155
1465	Mit dem Vogel Rock	6	163
1466	Mit dem Wasser / sprechen	8	197
1467	Mit den holprigen Jahren / wachsen die Wände	7	285
1468	Mit den Wänden / um die Wette	7	233
1469	Mit den Zugvögeln / nach Süden ziehn	6	322
1470	Mit der Schnecke im Schritt	2	117
1471	Mit einem roten Knoten / verbünde ich die Heimatländer	7	303
1472	Mit einem Winterwort / segnet der Himmel	6	330
1473	Mit einer Pappel / als Feder	7	28
1474	Mit einer Purpurkette / Haut an Haut	5	188
1475	Mit erznen Schwüren / flieg ich zum Horizont	7	305
1476	Mit Fingerspitzen rühre ich	7	299
1477	Mit fransigen Fichten / in Dorna	3	158
1478	Mit geröteten Wangen	2	204
1479	Mit goldnen Deckeln / das Buch	6	234
1480	Mit Habgier / ruf ich deine Seele	7	298
1481	Mit / hartem Griffel	7	341
1482	Mit leisem Flügelschlag / dieser Vogel	5	252
1483	Mit Maiglöckchen / läutet das junge Jahr	6	341
1484	Mit meinem Blau / male ich Sterne	4	36
1485	Mit meinem Erdwort / Fremdwort	5	84
1486	Mit meinem Gefährten / Leben	5	59
1487	Mit meinem Haar / näh ich	6	278

Nr.	Titel	Bd.	Seite
1488	Mit meinem Schweigen	8	224
1489	Mit meinem Seidenkoffer	7	66
1490	Mit meinem Volk in / die Wüste gegangen	4	101
1491	Mit neuen Gedanken / alt werden	5	75
1492	Mit Purpurflügeln / streift der Sommer	6	116
1493	Mit Quecksilberworten / die Welt begrüßen	6	270
1494	Mit schlaffarbner Stimme / murmelt der Mond	5	309
1495	Mit sechsundzwanzig Buchstaben / feiern	8	181
1496	Mit seidensanftem Leuchten	7	334
1497	Mit Siebenmeilenflügeln / um den Nabel der Erde	5	179
1498	Mit Siebenmeilenwünschen / um den Nabel der Erde	4	214
1499	Mit Silberstimmen / reden Fische von meinem	5	264
1500	Mit Tausendworten / sagst du dich	5	83
1501	Mit tiefen Fingerabdrücken / erreicht uns	5	107
1502	Mit verbundenen Augen / die Wurzeln des Himmels	6	87
1503	Mit vielen inneren Uhren	2	98
1504	Mit / Vineta in das Meer / versunken	7	361
1505	Mit Vogelfeder / gezeichnet	5	122
1506	Mit Wäldern und Bergen / befreundet	6	383
1507	Mit weißem Stab / durch die Wüste	4	169
1508	Mit Wörtern / bekritzelte Nacht	3	109
1509	Mit Wörtern / seinen Besitz zählen	4	159
1510	Mit zahllosen Händen / greift die Zeit	7	38
1511	Mit Zigeunern wandern	2	141
1512	Mit Zwergen / und mit Riesen	7	306
1513	Mitreisend / der Mond	3	56
1514	Modulation / einer Stimme	8	178
1515	Mohnflaum im Kissen / unter den Füßen	6	333
1516	Mohnsterne / im schlafreifen Kelch	2	137
1517	Mond / Traum	7	309
1518	Mondgelbe Mimose / zart wie ein Hauch	8	35
1519	Mondrianmuster / Manhattan	5	89
1520	Mondrianspiel / Manhattans Würfel	2	244
1521	Monotone Etüden / die Regenlitanei	3	172
1522	Monumente vermummt / in glitzernde Kutten	2	150
1523	Morariugasse / hier wohnen wir	5	292
1524	Morgens / eine Nachtigall	7	276
1525	Moschee aus Stein	2	311
1526	Müde / täglich Koffer besteigen	6	151
1527	Mühelos erklimmen die Kranken	2	284

Nr.	Titel	Bd.	Seite
1528	Mühle die mahlt / schnell schneller	8	63
1529	Mund des Geliebten, du mein roter Kahn	1	134
1530	Mund / Mund der spricht	8	173
1531	Muschelmuster / die Toten schimmern	3	245
1532	Musik balsamiert / in der Jukebox	5	16
1533	Mutter und Vater	8	154
1534	Mutter, Wesen, das um mich gewesen	1	301
1535	Nach dem / Feuertanz	7	311
1536	Nach dem Karneval kamen die Magertage	2	331
1537	Nach der Nullstunde	8	169
1538	Nacht an Tag an Nacht / kein Zeiger	4	172
1539	Nacht / die mich schreibt	5	313
1540	Nacht schwarze Mutter / die meine Bilder gebährt	5	137
1541	NACHT / Wehmut und weites Vergessen	2	50
1542	Nachts bin ich / ein anderer	7	213
1543	Nachts schwimme ich / im Strom der Sterne	5	174
1544	Nachts / wenn die Gedanken / einschlagen	7	150
1545	Nackte Ankömmlinge / von der Brandung / begrüßt	3	216
1546	Nadeln ziehn scharfe Fäden	8	68
1547	Namenlose Gesichter // Im Augenspiegel	2	191
1548	Narzissen / mit goldweißem Duft	6	297
1549	Natürlich kann man / der Spinne zusehen wie sie	6	256
1550	Nebel goldne Augen klagende Stimmen	2	335
1551	Nebelwogen // Pappelwipfel	7	328
1552	Nehmt / meine Wiederworte	6	321
1553	Neonwunder / auf die Netzhaut gebannt	5	53
1554	Neue Zeichen / brennen	7	313
1555	New York fasziniert	2	32
1556	Nicht den duftenden Nebel über Arosa	2	299
1557	Nicht geglückt / die Ehe mit dem Schlaf	8	208
1558	Nicht Schnee / Weißer die Zeichen	5	97
1559	Nicht wissen / wie die Minuten	7	255
1560	Nichts / tröstet	7	271
1561	Nie gehn sie aus / fallen leichter als Luft	3	13
1562	Nie versagt / die Sonne	4	184
1563	Nie / werde ich / die Drossel erreichen	6	268
1564	Nie zuvor / ward der Mond	6	284
1565	Nimm den Hut ab	2	197
1566	Nimm den Kranz von deiner Stirn	1	210
1567	Nimm die Geranien in Schutz	2	315
1568	Nimm die Sprache / zum Zeugen	7	184

Nr.	Titel	Bd.	Seite
1569	Nimm ein Licht / in deinen Traum	7	183
1570	Nimm eine Schlaftablette / und warte	5	187
1571	Nimm / keinen Schritt zurück	4	219
1572	Nimm meine Worte	8	182
1573	Nimm mich gefangen / Glück	6	177
1574	Nimm mir / meine Geburtstage	8	150
1575	Nimm mit / ein paar Sonnenstrahlen	5	239
1576	Nirgends wie hier / im Herneshauch	5	121
1577	Noch ein Tag und / noch ein Jahr	7	139
1578	Noch eine Zeile	7	11
1579	Noch geht in den Karpaten der	2	330
1580	Noch ist das Lied nicht aus, noch lebt im Leid	1	181
1581	Noch ist Raum / für ein Gedicht	4	221
1582	Noch nicht ganz / vergessen	7	207
1583	Noch sind die Sterne unsern Blicken da	1	153
1584	Noch trägt die Stadt den / wolkigen Wollmantel	2	52
1585	Noch trag ich / die sterbliche Hülle	6	49
1586	Nun bin ich groß / und werde größer	5	255
1587	Nur aus der Trauer Mutterinnigkeit	1	66
1588	Nur der Schatten / blieb	7	36
1589	Nußbaumblätter / dies Frühlingsaroma	6	58
1590	O daß die Toten sich in uns erheben	1	299
1591	O die sorglosen Ungeborenen im Nichtsein (Kurzprosa)	3	176
1592	O laßt die Vögel zu euch kommen	1	69
1593	Obwohl / die Legende vom Leben	5	216
1594	Öffnet die Stäbe / damit der goldne Himmelskörper	7	116
1595	Oft verirre ich mich	2	337
1596	Ohne mich / wäre alles anders	8	91
1597	Ohne Visum zur Welt gekommen	3	126
1598	Ohne Vorwand / tritt er ein	6	60
1599	Ohneschlaf / fließt zwischen Sternen	8	17
1600	Ohren hören / die Welt sprechen	6	89
1601	Oktopusarme / umklammern / deinen Tag	7	14
1602	OREO / goldener Odem	2	108
1603	Orte aus Rauch / ohne Atem und Glanz	7	369
1604	Orte wandelbar / in der Zeit	7	146
1605	Ostern / im grünen Erinnern –	2	118
1606	Pakt mit dem klugen Spötter	8	195
1607	Pakt mit Mephisto / er gibt dich Hexen preis	5	139
1608	Papier ist Papier / aber es ist auch	5	231

Nr.	Titel	Bd.	Seite
1609	Papierbogen / Schneefläche gespannt	5	67
1610	Perlen schenken	7	158
1611	Pfad und Pflanze aus Kristall	1	226
1612	Pflaumen reifen	2	152
1613	Phönix / mein Volk / das verbrannte	3	222
1614	Plötzlich läutet die Weckuhr	2	239
1615	Poet und Farmer. Mit den Bäumen	2	24
1616	Preisen / die Erde	6	106
1617	Prinzessin aus Glas und Stahl und Stein	2	85
1618	Pyramiden gepflanzt ins	2	104
1619	Raben / schwarze Gedanken	8	28
1620	Rad / aus Wolkenerz	7	362
1621	Rauschen Libertywellen	2	59
1622	Regen fällt / fällt uns in den Schoß	8	142
1623	Regen hat uns getauft / kein andrer	6	282
1624	Regenbogen aus Blut / im Glas	3	93
1625	Regenheisere Stimmen / aus Rost	6	247
1626	Regenwörter / überfluten mich	6	311
1627	Reise ins Namensgebirge	8	73
1628	Reise / zu den Zwergen	7	193
1629	Reisen / ins Ringelspiel	2	166
1630	Reisen und die Welt / in Händen halten	6	79
1631	Richte dich auf / am Stamm eines Lieds	5	278
1632	Riesen verbrüdert / seßhaft	6	303
1633	Rom führt / zu allen Wegen	6	376
1634	Romeo und Julie / im Central Park	2	257
1635	Rose und Dolch // Der Ring	2	128
1636	Rosen aufgeblüht / verwelkt	4	201
1637	Rosen / verschworen	8	136
1638	Rosenhast und Dornenpfad	1	287
1639	Rot grüßt die Azalee / den rebellischen Tag	4	62
1640	Rot ist der Sand	7	364
1641	Rote Tinte / hat meine Haut	8	30
1642	Rotgrüne Fahrt durch	6	137
1643	Ruf ich den Menschen / kommt der Rabe	6	279
1644	Ruft eine Baumseele grünes Ermahnen	1	235
1645	Ruhestunden umspülen / die Steininsel Manhattan	2	81
1646	Sadagora / Hof des Wunderrabbi	7	332
1647	Säule Schneemann / auf einer weißen / Wolkenbank	7	308
1648	Säulenheilige / Jahrhunderte angewurzelt	4	153
1649	Sag Amen / als wär nicht Täuschung	3	44

Nr.	Titel	Bd.	Seite
1650	Sag kein Sterbenswörtchen / ich lese deine Gedanken	5	130
1651	Sag mir Freund / bist du mein Freund	6	65
1652	Sag nicht / du bist fertig	6	158
1653	Sag nicht / es sei die Schuld	6	131
1654	Sagt Sonne / schlaf dich wach	5	38
1655	Samenflaum / werf ich dir	6	229
1656	Sand und Salz / in den Schuhen	3	217
1657	Schatten greifen / in die Saiten der Sonne	5	186
1658	Schatten oder Gespenster	7	209
1659	Schatten stehlen sich / am Fenster vorbei	3	53
1660	Schattenblau / bis an den / honigfarbnen Horizont	4	202
1661	Schaumschiffe / Schneemöwen	5	63
1662	Schaut mich an / mit vielen Augen	3	42
1663	Schiefe Giebel / hängen am / Horizont	2	339
1664	Schilf und Zikadensilber	2	269
1665	Schimmellicht / über hilfloser Ebene	4	148
1666	Schlafen Sie gut / sagt mir die Schwester	7	119
1667	Schlangenbeschwörung / unter dem Baum	8	67
1668	Schließ auf das Ostertor / mit der Schlüsselblume	4	167
1669	Schmelz der Regenbogenhaut / das Augenwasser	3	147
1670	Schnee / aus Januar geschnitten	3	49
1671	Schnee dezembert / im Hafen Manhattan	2	185
1672	Schnee fällt / die Welt wird weißer	5	142
1673	Schnee im Haar / komm ich zu dir	5	154
1674	Schnee / Mit Augen die zwinkern	5	143
1675	Schneid / in den Stein	5	275
1676	Schnell wie Wasser / rinnt die Zeit	6	207
1677	Schnell / wird dein Leben	7	140
1678	Schön / auch nackte Nächte	7	206
1679	Schön der Mensch / wer leugnets	5	163
1680	Schön nicht / zu wissen warum	6	125
1681	Schön / wenn der verwundete Mensch	6	99
1682	Schönes / beschädigtes Gemälde	4	78
1683	Schon trägt die Welt ein gelbes Kleid	1	51
1684	Schreib / deine eigene Welt	4	27
1685	Schwalben / verläßliche Heimatvögel	5	183
1686	Schwalbennest / unter dem Schindeldach	2	327
1687	Schwarz / schwärzer als schwarz	3	169
1688	Schwarze Taube / Mitternacht	3	127
1689	Schwarzer Pinsel / zieht einen Strich	5	35
1690	Schwarzer Sang / schläft in deiner Leier	5	229

Nr.	Titel	Bd.	Seite
1691	Schwarzweiß gestreift / wie ein Zebra	5	236
1692	Schweben / mit dem Vogel	4	104
1693	Schwebend / auf Weltenbahnen	7	327
1694	Schweifendes Licht / Schatten stehn uns	5	310
1695	Schwer der Übergang	2	148
1696	Schwerer / der Weg zum Ziel	7	157
1697	Schwimm / gegen den Strom	7	250
1698	Schwingen / halb Schwerkraft / halb Schwung	4	10
1699	36 Gerechte / halten im Gleichgewicht	3	58
1700	Sei mir gewogen / Fremdling	5	149
1701	Sein Nacken / braune Landschaft	6	364
1702	Sein Schritt war leicht beschwingt und sein Gesicht	1	191
1703	Sein / Sonnenname / Sein / Wunderwort	7	326
1704	Seit drei Ewigkeiten	8	231
1705	Seit einiger Zeit habe ich ein sonderbares Talent (Kurzprosa)	3	188
1706	Seit mich dein grüner Kinderschritt erkannt	1	40
1707	Sekunden tropfen / ins nächtliche Nichts	4	205
1708	Seliger Traum, der die Nacht zu einem Lichtmeer gemacht	1	37
1709	Sensensang der Zikaden	2	228
1710	Siamesische Riesen / in gemeinsamen Stein	8	137
1711	Sich selber betrügen / sich einreden	6	76
1712	Sichelmond / Die Ziehharmonika schneidet	2	190
1713	Sicher daß ihr gelingt / den Lichtleib im	2	200
1714	Sichtbar im Fenster / die Zeit	4	211
1715	Sie fallen leicht wie Luft / durch die Wimpern	5	32
1716	Sie gab ihm eine Aprikose	1	234
1717	Sie hüllte sich in hundert Schleier	1	292
1718	Sie ist die Dreizeit in Bewegung	2	79
1719	Sie ist ein feines, kluges Kind	1	54
1720	Sie ist Wipfel, Stamm und Laub	1	303
1721	Sie kam zu dienen und erhalten	1	230
1722	Sie kamen mit giftblauem Feuer	1	157
1723	Sie kamen / mit scharfen Fahnen und Pistolen	2	332
1724	Sie kann ihr Dasein nur im Tanz vollenden	1	102
1725	Sie löschen das Feuer / das in dir brennt	5	72
1726	Sie machen Krieg und / fragen uns nicht	5	148
1727	Sie sagen es sei das Wetter	2	276
1728	Sie saßen auf dem Hügelgipfel mit	1	145
1729	Sie traten in den hellen Saal des Glücks	1	141

Nr.	Titel	Bd.	Seite
1730	Sie war eine Frau	8	105
1731	Sie war so schön, daß jeglicher Verstand	1	171
1732	Sie waren lange durch den Park gegangen	1	146
1733	Sieben Höllen / durchwandern	3	203
1734	Sieben Profile / den Jahrhunderten	6	361
1735	Sieben Tulpen öffneten den Sommer	2	33
1736	Sieh die leise Mutter unter den Sternen	2	88
1737	Sieh / die spiegelglatte Ebene	7	89
1738	Sieh die Tiere in dem Pelz der Nacht	1	202
1739	Sieh, eine Abendhand / öffnet die Tür	1	251
1740	Silberne Pruthsprache	6	346
1741	Sinds meine eignen Bronnen	1	237
1742	Singen / den Freudensang	7	202
1743	Singen Sirenen / grüner Schatten Irland	2	308
1744	Singt die Fontäne / ich bin das Leben	5	206
1745	So lebst du / mit Radio Fernsehn und Krieg	5	69
1746	So oder so / ein Menschenalter	2	107
1747	So schön / warst du noch nie	6	246
1748	So sind wir : du und ich . im Nu bereit	1	168
1749	So / soll es sein	7	154
1750	So stiegen Flut und Angst / es ging ja ums Leben	4	176
1751	So viele Welten schlafen	1	256
1752	So viele / Worte Fragen Erwartungen	8	109
1753	Sonne auch sie / ein Rätsel	7	173
1754	Sonnenblume / Abgesandte der Sonne	2	170
1755	Sonntagsschlummer im Gras / du ahnungslos	3	160
1756	Soviele unbewohnte Häuser	6	232
1757	Spatzen stürzen sich in Lachen aus Licht	2	260
1758	Spielen Violinaugen / ein Spiritual	2	171
1759	Sprich / lieber Freund	5	167
1760	Spürst du / die Eindringlichkeit	6	359
1761	Stammelst du wieder / Verzückung	5	311
1762	Staub atmet / auf lebendem Holz	2	266
1763	Staunend aus dem Schlaf gestiegen	2	272
1764	Steine / zählen deine Schritte	7	189
1765	Steinegeborene / mit verstümmelter Stimme	8	101
1766	Sterne / Glühwürmer / leuchten	7	247
1767	Sterne / im Andrang des Dunkels	2	188
1768	Sterne läuten durch die Nacht	1	261
1769	Sternensturz / aus der / Schwärze des Himmels	7	351
1770	Still / leben Früchte / im Teller	4	69

Nr.	Titel	Bd.	Seite
1771	Still wie der Kalender / die Niederschrift	3	102
1772	Stille der Nacht / Kinder lächeln im Schlaf	2	53
1773	Stille der Nacht / wacht wie die Mutter	2	54
1774	Sträubt sich / dein Wort	7	225
1775	Stroh in der Vase	6	271
1776	Stunden aus unsterblicher Langeweile	2	246
1777	Sturm aus nördlicher Richtung / die Stadt erleidet seinen	4	141
1778	Suche finde das Wort / das nicht verlorengeht	4	21
1779	Täglich / verwandelt	2	210
1780	Tag und Nacht / brüllt ein Kranker	5	285
1781	Tag und Ton verhallt, und ein Schattenwald	1	72
1782	Tage kommen und gehen	5	185
1783	Tannenberge. Grüne Geister	2	21
1784	Tauben / Venedig im Battery Park	2	253
1785	Tausendflügler Traum / Verbotene Zonen	2	86
1786	Tausendfüßler / Traum	7	232
1787	The Bad Boy / erinnert auch an	2	259
1788	Thora und Talis	6	141
1789	Tiefe Trauer / helle Freude	7	221
1790	Tiere im Gebüsch verbrüdern	1	250
1791	Tiere / zahm auch die wilden	5	102
1792	Tischleindeckdich / für jedes Du?	5	46
1793	Toben / im / kühlen Revnawald	7	338
1794	Todfeindin Sonne / im Hochdruck	7	42
1795	Tote Freunde / klagen dich an	4	182
1796	Träge / taumelnd	7	345
1797	Trage mich / in den / Sternenkranz	7	357
1798	Trauer / der Taube	7	354
1799	Trauer / stark wie der Tod	6	209
1800	Trauert / um deine Augen	6	244
1801	Trauerweiden / Melancholiker	4	34
1802	Traum der meinen / Schlaf umgeht	7	252
1803	Treffer / auf / Treffer	7	331
1804	Treibst dein Spiel mit mir / Sprache	3	60
1805	Trink dich heil / vom unstillbaren Durst	3	221
1806	Trink nicht so hastig, sieh der Brunnen steht	1	176
1807	Tritt aus dem Kreidekreis / Gib der Mutter	6	51
1808	Trommelfeuer weckte / die schlafende Zeit	6	39
1809	Türen offen / hinter den Abschied	3	140
1810	Turmuhr / Mitternachtsfaust	3	63

Nr.	Titel	Bd.	Seite
1811	Über Adern / Blumenbeet und Gestein	8	65
1812	Über das weiße Blatt	2	207
1813	Über deinem Atem / der Silberkranz der Sterne	5	127
1814	Über den Abend – gebeugt	6	257
1815	Über der Abendbucht	1	120
1816	Über dir / Sonne Mond und Sterne	6	50
1817	Über dürren Decken	2	163
1818	Über Israels Wüste	6	373
1819	Über Nacht umgebaut / Häuser	4	28
1820	Übermütige Leere der planierten Länder	2	133
1821	Uferwange / an meinen Schritt gelehnt	2	133
1822	Uhren auf dem Galgenholz der Zeit	1	304
1823	Um den Atemmond / namenlose erleuchtete Sterne	4	58
1824	Um den Nabel der Erde / kreisend	8	102
1825	Um einen hohen Preis / eine Schere erworben	8	114
1826	Um vier Uhr morgens / singen Vögel im Fenster	7	54
1827	Unablässig / im Gespräch mit der	3	129
1828	Und der Regen fällt	2	302
1829	Und jedes Lächeln wurde Leid	1	79
1830	Und wenn sich alle Schalen füllten	1	246
1831	Und Wiesen gibt es noch / und Bäume und	6	191
1832	Unermüdlich / gehen die greisen Mühlen	2	106
1833	Ungeliebte Blumen	2	102
1834	Ungesagt / alles	8	190
1835	Unser Schiff / ohne Fahne	3	33
1836	Unser täglich Brot / Honig und Milch	7	43
1837	Unsere Schiffe torpediert / Gedichte	4	163
1838	Unsichtbare Brücken spannen	5	23
1839	Unter dem Rhein	6	375
1840	Unter dem Weihnachtsbaum / verendet	3	149
1841	Unter fallenden Kastanien / den Garten umarmen	5	94
1842	Unter gläserner Flut / das Netz	4	177
1843	Unter Kastanien im Park / sitz ich im Regen	7	31
1844	Untergegangen / sind wir	6	134
1845	Ununterscheidbar / die Zeit und wir	6	15
1846	Unvermittelt / im Orient	6	252
1847	Unvorbereitet / vom Zufall geführt	6	365
1848	Utopia / mein Land	6	157
1849	Vater unser / nimm zurück deinen Namen	6	274
1850	Veilchenadern pochen	2	27
1851	Venedig / meine Stadt	6	336

Nr.	Titel	Bd.	Seite
1852	Venedig sehen / und leben	6	92
1853	Verdorrte Blätter zeigen	1	165
1854	Verehrter Gott / Gib mir ein Zeichen	7	133
1855	Vergesset nicht / Freunde	5	73
1856	Vergib mir / Meer / ich kann nicht	4	134
1857	Vergiß / daß dein Zimmer	6	165
1858	Vergiß / daß du einmal / schön warst	4	180
1859	Vergiß / daß wir uns liebten	7	111
1860	Vergiß / dein Nein	5	287
1861	Vergiß / deine Grenzen	6	129
1862	Vergiß den Donner / wenn du abfeuerst	3	260
1863	Vergiß die / poetische Wahrheit	6	204
1864	Vergiß die summende Melodie / im Samowar	6	242
1865	Vergiß / meine ängstlichen Gesten	7	275
1866	Vergiß mich nicht / ich bin	7	88
1867	Vergiß nicht den Hintergrund	8	146
1868	Vergiß nicht / die Uhr aufzuziehn	6	355
1869	Vergiß nicht: / wir sind Brüder	6	276
1870	Verknüpf die Fäden / zu einem Spinnwegnetz	4	42
1871	Verlassene Strecken behütete Worte	1	268
1872	Verlaß dich / auf die Unordnung	8	153
1873	Verleugne nicht / den Hahnenschrei	6	292
1874	Verloren / wiedergefunden	3	71
1875	Vernunftwidrig ohne Gefühl für	2	39
1876	Verschlafne Räume / im Raum des langsamen Nachmittags	1	216
1877	Verschont / wird keiner	8	88
1878	Verschweig und / nicht	4	100
1879	Verschwistert mit Aschenbrödel / ich glaube Erbsen	4	61
1880	Verschwommene Tage	7	244
1881	Versöhnlich / mein Gettoherz	3	14
1882	Verstümmelt die Bäume	8	34
1883	Vertrau dem Abend / dein Licht an	7	204
1884	Vertraut / mit dem / Rosenschlaf	7	372
1885	Verwachsen / mit Junggras	6	293
1886	Verwaiste Herzen / im Schrank der Jahre	2	68
1887	Verwandelt / vertauscht	8	85
1888	Verwandelte Stimmen / toter Wälder	8	187
1889	Verzehrt sind / die Reste	3	39
1890	Vieläugig / Sonne / goldner Pfau	3	62
1891	Viele Gedichte gefunden / aber	8	191

Nr.	Titel	Bd.	Seite
1892	Vielfältiger Geist / dein Haar aus	6	52
1893	Vielleicht / im April	6	281
1894	Vieltausend Jahre Geduld	5	42
1895	Vier Schneewände / Fahr nach Sibirien	5	284
1896	Viermal / klopft es an deine Tür	4	165
1897	Vögel möchte ich / auffliegen lassen	7	145
1898	Vom A zum B / ist ein endloser Weg	7	22
1899	Vom Ende zum Anfang / der Tarngeist geht	5	147
1900	Vom fernen Äther springt ein Stern herab	1	75
1901	Vom Gipfel / sehe ich	7	110
1902	Vom Karmel / siehst du	5	106
1903	Vom Schweigen besessen sein	8	184
1904	Vom Spiegel fordere ich / Aug um Aug	4	168
1905	Vom Sturm getragen / sterntätowiert	6	122
1906	Vom Tod umworben / ich sehne mich	5	190
1907	Von Augen gefolgt / deine Fremde	5	235
1908	Von Augen verfolgt / deine Fremde	4	188
1909	Von deinem Haus wehte froh die Fahne	1	279
1910	Von den Dünen her ruft es	2	262
1911	Von den Fingern / tropfen / Worte auf den	3	130
1912	Von einer Pause / zur andern	8	95
1913	Von einer Sekunde / zur andern	4	9
1914	Von Himmel zu Himmel / ich fliege	7	347
1915	Von Mund zu Mund / das tägliche Brot	6	326
1916	Von Norden nach Süden	6	318
1917	Von Ort zu Ort	6	382
1918	Vor dem Schlaf erwacht / ich stehle	3	77
1919	Vor dem zweiten Weltkrieg war Czernowitz eine Stadt (Prosa)	3	289
1920	Vor den Garben / kniet ich	7	314
1921	Vor meiner Haustür / in der Sonne	4	67
1922	Vor seiner Geburt / war Jesus	6	319
1923	Vor vielen Geburtstagen	2	321
1924	Waffen / in Hexenesse geschmiedet	8	78
1925	Während ich Atem hole	2	261
1926	Während ich schreibe / ist die Nacht	4	158
1927	Während Januar die Gassen pudert	2	248
1928	Wahrgeworden / Die Weissagung der Zigeunerin	4	93
1929	Wahrheit gewürzt / mit einem Körnchen	5	267
1930	Wahrheit / sag mir die Wahrheit	2	29
1931	Wälder umgrünen / Berge besteigen	4	20

Nr.	Titel	Bd.	Seite
1932	Wanderscharen die Wüste zaubert	5	162
1933	Wann / ist die Zeit um / wann	3	236
1934	Wann ziehn wir ein / ins besamte Wort	3	59
1935	Wär es möglich / zu ruhn in sich selbst	5	202
1936	Wär es zu spät oder ist es zu früh?	6	179
1937	Wär ich ein Maler / sie darzustellen	5	300
1938	Wäre ich nur ich, wie einfach wäre alles (Kurzprosa)	3	185
1939	War ich ein Falter	6	83
1940	War nicht das Meer das wellengestufte unsere Mutter	2	89
1941	Waren wir Feinde / als der Friede schlief	2	222
1942	Warst du auch dabei, als man das schöne Haus abbrach? (Kurzprosa)	3	95
1943	Warum bis jetzt gelebt / ich weiß nicht warum	5	25
1944	Warum hat dieser Kies solch süßen Ton	1	174
1945	Warum ich schreibe? (Prosa)	3	284
1946	Warum ist jede Nacht ein Wirbelwind	1	249
1947	Warum schweigst du	2	45
1948	Warum? Weil er herrlich war (Prosa)	3	278
1949	Was anfangen mit den vielen	8	151
1950	Was dem Tag an Licht genommen	1	47
1951	Was der Traum deutet / ist wahr	6	96
1952	Was der Wind verwirft	7	168
1953	Was du noch nicht warst	6	168
1954	Was du sagst und / was du verschweigst	5	244
1955	Was einen Namen hat	7	200
1956	Was erwartest du / von der Zukunft	5	266
1957	Was hindert dich / immer du zu sein	8	156
1958	Was hinter diesen Fassaden	1	29
1959	Was immer es sei / gut oder verwerflich	8	90
1960	Was ist der Berg	2	51
1961	Was ist / meine Aufgabe	7	310
1962	Was ist wie du so machtvoll auf der Erde	1	46
1963	Was nie mein war / kommt wieder	3	212
1964	Was noch an Südlichem blieb	2	142
1965	Was Schreiben heißt / sag nicht	4	157
1966	Was / soll ich euch schenken	6	152
1967	Was taugen sie mir / meine Jahre	8	126
1968	Was tun wenn die Nacht	5	212
1969	Was vorüber ist / ist nicht vorüber	6	42
1970	Wasser / mein Kleid	8	158

Nr.	Titel	Bd.	Seite
1971	Wasserlanze / ihre Spitze	8	37
1972	(Wege) wollen gegangen werden	7	191
1973	Weh wenn Kinder aufhören	2	215
1974	Weil / du ein Mensch bist / weil	3	73
1975	Weise / Sterndeuter	7	379
1976	Weiß auf Blau / die Himmelsschrift	7	25
1977	Weiß ist die / Winterseele	6	117
1978	Weißes Erinnern / Gipfel haben das Wort	6	369
1979	Welcher Stern / ist Mittelpunkt	6	160
1980	Welches Stück Welt / hat uns getrennt	5	316
1981	Welt einsammeln / überall	5	291
1982	Weltreise / mit Gulliver	4	57
1983	Wenn das Gras aus dem Schlaf steigt	2	101
1984	Wenn das weiße Morgenlächeln	1	92
1985	Wenn der Frühling / mit seinen Blumen	6	305
1986	Wenn der Krieg beendet ist	3	237
1987	Wenn der Tag / vernarbt ist	5	135
1988	Wenn der Tisch nach Brot duftet / Erdbeeren der Wein	3	43
1989	Wenn die Sonne versagt, die Straße sich schließt	1	154
1990	Wenn / die Sterne finster werden	7	322
1991	Wenn die Zeit sich versteckt	7	141
1992	Wenn du in einer / Welt aus Lauten lebst	2	167
1993	Wenn du / nicht das bist	7	71
1994	Wenn du willst / wird der Flieder	6	124
1995	Wenn er sich sträubt, der junge unmündige Mund	1	231
1996	Wenn ich bedenke / wie viele Worte verlorengehen	6	127
1997	Wenn ich den blauweißen Schal	4	77
1998	Wenn / ich dir / wiederbegegne	7	360
1999	Wenn ich Gold sage / mein ich das Wort	4	155
2000	Wenn ich / ich sage	3	146
2001	Wenn ich mich freue / kommt die Lorelei	5	271
2002	Wenn ich / mir selber begegne	7	243
2003	Wenn ich vergehe / wird die Sonne weiter brennen	6	19
2004	Wenn ich verzweifelt bin / schreib ich Gedichte	4	162
2005	Wenn man lang / in die Wolken blickt	6	28
2006	Wenn man wüßte / wie die Wohnung einrichten	8	152
2007	Wenn nichts mehr / leuchtet	5	308
2008	Wenn sich deine Worte vor mir neigen	1	129
2009	Wenn sich der Ginsterstrauch	1	266
2010	Wenn sich ein Bildnis in dem Tanz der Zeiten	1	166

Nr.	Titel	Bd.	Seite
2011	Wenn verstimmte Sterne sich verbinden	1	297
2012	Wenn / wieder / Jugend grüßt	7	340
2013	Wenn wir auferstehn / von allen Übeln	3	153
2014	Wenn wir doch wieder / zu uns selber zurückkämen	6	325
2015	Wer bin ich / wenn die Wolken weinen:	7	118
2016	Wer den Weg / durch den Steinbruch weiß	3	136
2017	Wer hämmert den Sternpendel	2	109
2018	Wer hat mir / den Regenbogen	3	111
2019	Wer hofft / ist jung	5	24
2020	Wer kann / so viel sagen	4	54
2021	Wer kennt nicht / die Beruhigung der Sterne	3	248
2022	Wer kommt an die Reihe	4	86
2023	Wer mich kennt / weiß	4	24
2024	Wer nicht redet / mit Engelszunge	4	65
2025	Wer sagt daß ich singe / ich singe nicht ich sage	3	261
2026	Wer sagt / ein Mann	8	72
2027	Wer trauert mit mir / um den Verfall	5	152
2028	Wer von Schilda kommt / hat keinen Paß	2	223
2029	Wer weiß / wo ein Glück beginnt	7	192
2030	Wer wird sich meiner erinnern / wenn ich gehe	6	86
2031	Wer ZEIT sagt / weiß um den Untergang	2	130
2032	Whisky ist transparent	2	155
2033	Wichtelworte / dienen dir	4	215
2034	Wie bin ich / auf die stumme	8	189
2035	Wie dein holdes Blumenleben in der Vase wächst und steigt	1	45
2036	Wie dich erreichen / Bruder	6	262
2037	Wie / die unendliche Trauer	6	198
2038	Wie ein Wild verfolgte ich das Grün	2	57
2039	Wie im schnellen Wandelbild	1	264
2040	Wie kann man / heute noch dichten	5	247
2041	Wie komme ich / über mich hinweg	4	29
2042	Wie lang / kann man warten	4	50
2043	Wie lebst du / im Lärmlabyrinth	6	9
2044	Wie schnell / der Tag / sich verflüchtigt	7	236
2045	Wie schnell / man alles verlernt	6	120
2046	Wie sich die Welt am Frühlingslicht entzündet	1	135
2047	Wie sind wir diesen Tagen untertan	1	204
2048	Wie soll ich mich abfinden / mit dieser blinden Erinnerung	5	276
2049	Wie viele Schalen, Lieb, wie viele Schichten	1	118

Nr.	Titel	Bd.	Seite
2050	Wieder ein Jahr als Ring	4	15
2051	Wieder ein Morgen / ohne Gespenster	4	110
2052	Wieder ein Tag / aus Glut und Wind	6	155
2053	Wieder hält mich der Wald / in Atem	4	107
2054	Wieder runden sich die Rosen / der neue Anfang	5	295
2055	Wieder spannt Eros das magische Kreuz	1	198
2056	Wiedergekehrt ins Land	8	48
2057	Wiederkehrvögel / Amsel und Fink	8	42
2058	Wieviel mal siebzig / Lichtjahre	7	230
2059	Wieviel Millionen Umsatz	7	178
2060	Wieviele Gedanken / Worte Bewegungen	7	194
2061	Wieviele Truthähne / Herr / müssen ihr Leben lassen	2	125
2062	Wieviele unheilverkündende Meteore	7	186
2063	Willkommen / Wanderer	3	72
2064	Wimpernschlag / Hauch / im Mai	7	376
2065	Wind mischt Farben	7	171
2066	Wind und Staub / verbrüdert	4	138
2067	Wind wetzt seinen / Atem am Kiel	5	262
2068	Wir / alten Kinder / mit eckigen Bewegungen	3	99
2069	Wir atmen die / letzten Vögel ein	2	121
2070	Wir auf Barrikaden / immer	3	226
2071	Wir / auferstanden / aus dem Nichts	4	105
2072	Wir beten zum Berg / um Glauben	2	182
2073	Wir blühen uns zu	7	258
2074	Wir brauchen keine Berge	1	22
2075	Wir die Letzten oder / die Ersten zum Himmel	3	162
2076	Wir / die Verbannten mit der	6	264
2077	Wir erkennen dich / an der Schrift gehaucht auf	6	238
2078	Wir erkennen uns nicht	3	165
2079	Wir feiern das Fest der Abwesenden	3	32
2080	Wir fliegen mit der Sonne auf den Berg	1	86
2081	Wir gestorbenen Sterne wie Meteore	2	119
2082	Wir haben aufgehört / Zeichen zu deuten Zeichen	7	23
2083	Wir haben die Fenster / mit Schnee gewaschen	5	253
2084	Wir haben / gegessen getrunken	5	128
2085	Wir haben nie / aufgehört	8	185
2086	Wir haben Rosen / gepflanzt	7	218
2087	Wir / haben uns nichts vorzuwerfen	7	266
2088	Wir haben uns noch / viel zu sagen	5	198
2089	Wir halten die Welt / an der Hand	8	129
2090	Wir hungerten flüchten / liebten die Liebenden	4	91

Nr.	Titel	Bd.	Seite
2091	Wir / in der Tonne	8	9
2092	Wir jagen den Hirsch	2	47
2093	Wir junges Leben / du alter Tod	5	153
2094	Wir kamen heim / ohne Rosen	3	218
2095	Wir leben / von Atem zu Atem	5	237
2096	Wir rauchen die / Friedenspfeife	5	95
2097	Wir reichen uns der Liebe roten Beeren	1	115
2098	Wir rufen die Heiligen an	2	43
2099	Wir sehen / Nizza	6	90
2100	Wir sind / ein Stück weitergegangen	5	290
2101	Wir sind / eine große Gemeinde	5	169
2102	Wir spielen Ostern mit den Kind gewordenen	2	34
2103	Wir staunen vor den süßen Früchten	1	272
2104	Wir / träumen Schlaraffenland	7	262
2105	Wir treffen uns / hinter der Heimat	3	41
2106	Wir treffen uns / im Brennpunkt	6	227
2107	Wir Ungleichen / auf der gleichen Kugel	8	80
2108	Wir verwalten / die Erde	5	26
2109	Wir warten / am Erdrand	7	300
2110	Wir warten / auf Wunder	6	13
2111	Wir werden uns / wieder finden	4	120
2112	Wir werden uns wiederfinden / im See	6	54
2113	Wir wissen nichts mehr als: Dem Tod geweiht	1	182
2114	Wir wohnen / Wort an Wort	4	115
2115	Wir wollen uns dem Abend neigen	1	68
2116	Wir / Wortgewandte	3	166
2117	Wir ziehen mit den dunklen Flüssen	1	164
2118	Wir zogen einen Zauberkreis	1	142
2119	Wir / zwischen Himmel und Erde	6	82
2120	Wird kommen die Zeit / ist da	4	208
2121	Wirf deine Angst / in die Luft	5	86
2122	Wirf / eine Münze	7	222
2123	Wo bin ich / wo bist du	7	55
2124	Wo bist du / Vater Adam	6	200
2125	Wo die Luft flimmerndes Silber	6	354
2126	Wo die reinsten Worte reifen	1	208
2127	Wo die Stadt aufhört / ist das Licht	3	145
2128	Wo die Wachtel ruft / blüht der Seidelbast	6	203
2129	Wo / Gevatter Tod	8	141
2130	Wo / in der österreichlosen Zeit / wächst mein Wort	3	224
2131	Wo ist die Möwe / die das Schiff begleitete	4	118

Nr.	Titel	Bd.	Seite
2132	Wo ist mein Paradies	7	197
2133	Wo Millionen Menschen / Zwietracht pflegen	5	207
2134	Wo / schläft mein Ritter	6	332
2135	Wo sich dein Wesen entfaltet	1	213
2136	Wo sind / die Auferstandenen	6	81
2137	Wo verbirgst / du dich Bruder	6	248
2138	Wo waltet sie, die königliche Hand	1	258
2139	Wo war der / der dem Schöpfer zusah	8	11
2140	Wo / waren die Freundesländer	4	92
2141	Wo / wenn der Regen anspringt	6	296
2142	Wörter vom Computer verschlungen	7	46
2143	Wohin / sind die / herrenlosen Vögel	7	239
2144	Wolke / weiße Vermittlerin	2	146
2145	Wolken / die einander jagen	7	198
2146	Worte die dich wiedergeboren haben	8	198
2147	Worte eines Gedichtes / das mich schreibt	8	175
2148	Worte / Mütter und Väter	8	186
2149	Worte / schreiben sich	8	170
2150	Wortkind / im Menschenmeer	5	27
2151	Wüßt ich / wieviele Namen	6	309
2152	Zähl nicht / die Stunden	6	162
2153	Zähl nicht / SEINE Schritte	3	81
2154	Zauberzeichen / aus dem / erhabenen Sternenreich	7	355
2155	Zeichen / aus dem Ginsterland	7	336
2156	Zeit / die Verwandlerin	5	150
2157	Zigeunerin / Zeit / im Dreifaltgewand	4	209
2158	Zigeunerzeit / diese ruhelose	8	130
2159	Züge fahren / durch meine Zelle	6	123
2160	Zufällig / diese Anordnung	7	179
2161	Zum Berg gehn / den Fels herausreißen	6	224
2162	Zum Fluß ging ich	2	75
2163	Zur Rückkehr / gut ausgerüstet	5	134
2164	Zurück / ins zukünftige / Meinland Deinland	3	244
2165	Zwei Pfauen schlugen / ihr schillerndes Rad	5	282
2166	Zwei Wolken / umarmen sich	5	80
2167	Zwei zahllose / Lippen und Ohren	6	334
2168	Zwielicht / eines Gewitters	7	346
2169	Zwischen mir / und diesem Zigarettenstummel	2	70
2170	Zwischen / rot und grün	7	343
2171	Zwischen Schneeglocken / und Schneeschmelze	2	36
2172	Zwischen Stäben aus Chrom	2	177

Alphabetisches Verzeichnis der englischen Texte nach Textanfängen

Nr.	Titel	Bd.	Seite
1	Adorned with metal-rainbows and rhinestone stars	1	328
2	After his burial his birth begins	1	323
3	And looking for a final start	1	324
4	As if each rock and stone	1	337
5	Death in our hand / life in our heart	1	321
6	Dipped in dark music, avarted	1	339
7	Forget the distance parting our spheres	1	329
8	Grotesque mirage seen from the windowpane	1	335
9	Infinete lines entangled in a scheme	1	326
10	Nobody was prepared when it came	1	340
11	O alien colleague, you and I	1	332
12	O dust and skeleton and sun	1	330
13	Seven profiles	1	342
14	The harp / Five fingers knowing	1	336
15	The ivoriy-palor of his rigid face	1	327
16	The twisted wind spins	1	322
17	The white cross in the business street	1	333
18	Torrents of sun and fountains of	1	325
19	When man fled from the flood	1	338
20	When stone turns purple in the evening' anguish	1	334
21	You walk / at the edge of a precipice	1	331

Alphabetische Verzeichnisse der Übersetzungen nach Textanfängen

	Übersetzung aus dem Jiddischen Itzig Manger	Bd.	Seite
22	Ich bin der Weg ins Leere	1	315
23	Laßt mich euch heute singen	1	311
24	Stehen Mütter, in Lumpen gehüllt	1	314

	Übersetzung ins Englische Adam Mickiewicz		
25	Satan would instantly	1	345
26	Sin is inflammable, and he	1	345
28	The bridge to heaven seems too long to span?	1	345

	Elsa Lasker-Schüler		
29	I seek a city everywhere	1	348
30	Was she the great angel	1	347

Inhalt

Anmerkungen des Herausgebers 5

Gedichte

Milchstrom für schlaflos Dürstende 7

Wiederkehrvögel Amsel und Fink 39

Wenn das Echo mir zuhört 69

Weggewischt zähl ich nicht mehr 97

Im drängenden Herzlauf der Zeit 133

Nimm die Augen meiner Worte 165

Dazwischen tanzt dein Traum 201

Editorische Notiz 233

Alphabetisches Verzeichnis

nach Titeln 235

nach Textanfängen 241

Quellenverzeichnis 247

Gesamtregister 249

Verzeichnis der Abkürzungen der Original-

veröffentlichungen 251

Alphabetisches Verzeichnis

der deutschen Texte nach Titeln 252

der englischen Texte nach Titeln 360

der Übersetzungen nach Titeln 362

der deutschen Texte nach Textanfängen 364

der englischen Texte nach Textanfängen 418

der Übersetzungen nach Textanfängen 419